名校长的治校能力与策略丛书

丛书总主编◎肖建彬
丛书副主编◎龚孝华

学校发展规划个案研究

编　　著◎黄灿明
参与编写◎秦景昌　詹海潮　刘洁仪

中国轻工业出版社

图书在版编目(CIP)数据

学校发展规划个案研究 / 黄灿明编著. —北京：
中国轻工业出版社,2020. 1
ISBN 978-7-5019-9282-9

Ⅰ. ①学… Ⅱ. ①黄… Ⅲ. ①中小学 - 学校管理 - 研究 Ⅳ. ①G637

中国版本图书馆 CIP 数据核字(2013)第 113196 号

责任编辑：刘云辉　　责任终审：劳国强　　责任监印：张　可
封面设计：郝亚娟　　图书策划：天宏教育

出版发行：中国轻工业出版社(北京东长安街 6 号,邮编 100740)
印　　刷：三河市人民印务有限公司
经　　销：各地新华书店
版　　次：2020 年 1 月第 1 版第 2 次印刷
开　　本：710 × 960mm　1/16　　印　　张：12
字　　数：196 千字
书　　号：ISBN 978-7-5019-9282-9　　定　　价：86. 00 元
邮购电话：010 - 65241695
发行电话：010 - 85119835　传真：85113293
网　　址：http://www. chlip. com. cn
Email：club@ chlip. com. cn
如发现图书残缺请与我社邮购联系调换
191599Y1C102HBW

前　言

□ 黄灿明

学校发展规划既是一种学校管理方式的更新，又是通过学校共同体成员来制订和实施学校发展综合性方案的过程，是为学校发展提供支持能力，并不断探索学校发展策略，持续改进教育教学质量而进行的管理行动。作为一种有效的管理方式，学校发展规划不仅关注静态的文本，重视动态的操作过程及相关技术的应用，而且强调对学校管理的整体思考、管理方式的改善、关注自下而上、内在发展，通过对学校优势、发展机遇等的剖析，群策群力地谋划学校的共同愿景和发展策略。

然而，具体到一所学校而言，如何编制一份既能够符合教育规律、顺应时代潮流，又能够继承优良传统、彰显优势特色的学校发展规划，这不仅仅是一个理论性问题，更是一个操作性问题。

东莞中学的持续健康发展，得益于学校一贯坚持科学发展观，重视战略规划的思路和举措。进入到“十二五”规划期间，学校如何迈上新台阶，我们曾有过困惑和迷惘。

在广泛征求各方面意见的基础上，我们就如何编制学校“十二五”发展规划达成了两点共识：

一是要抓住关键事项。学校发展规划涉及到方方面面，但具体到一所学校的某一具体阶段，其重点、难点是不一样的。我们决定围绕学校文化建设、教师专业发展、课程教学科研以及学校德育工作等几个方面展开调研。稳住常规，突破重点，解决瓶颈问题。

二是要创新规划文本。很多的学校发展规划文本一般包括指导思想、目标体系、重点任务、保障措施等几个板块，雷同化、空洞化、口号化的现象比较严重。实际上，真正“管用”的学校发展规划不是那些似曾相识的“标准件”，而是一份份“个性鲜明”的“施工图”。因此，我们决定东莞中学“十二五”发展规划分为继续坚持的、优化完善的和突破更新的三个板块。

“不识庐山真面目，只缘身在此山中。”为突破思维局限，学校积极寻求专业支持，聘请广东第二师范学院的闫德明、王蕙、刘永林、苏鸿等四位教授组成了东莞中学“十二五”发展规划指导小组。专家组用了一年多的时间，对学校管理、学校德育、课程教学科研、教师专业发展等情况，通过访谈交流、问卷调查、推门听课、参与活动等形式进行了多个专题调研。在充分调研的基础上，经过对调研数据的分析统计与诊断，专家组完成了四个专题调研报告。在此基础上，学校组织了多次全校性或不同层面的讨论、座谈和调研，发扬民主、群策群力，广泛地征集采纳教职工、学生与家长的意见与建议。经过反复修改，最终形成了东莞中学“十二五”发展规划的文本。

本书以东莞中学“十二五”发展规划的研制过程为例，试图阐明学校发展规划研制的一般思路和操作策略。全书分为三个板块：

第一个板块是学校发展规划释义。一是学校发展规划的前期准备，包括：明确学校发展规划的内涵、搜集学校发展规划的文献、开展学校发展规划的调研；二是学校发展规划的基本类型，包括：全面性学校发展规划、专题性学校发展规划和渐进性学校发展规划。

第二个板块是学校发展规划调研。呈现四个调研报告：学校管理情况调研报告、课程教学科研情况调研报告、学校德育工作情况调研报告和教师专业发展情况调研报告。其中包括调查问卷、访谈提纲等原始资料。

第三个板块是学校发展规划个案。呈现两个学校发展规划文本：东莞中学“十二五”发展规划（2011～2015年）和东莞中学“十一五”发展规划（2005～2010年）。其中包括东莞中学发展规划组织实施的计划、总结和案例。

本书的指导思想是：对学校发展规划的含义意义、过程步骤等常识性的知识点，简要阐明；对学校发展规划的专题调研等操作性的重难点，详细阐述；对学校发展规划的文本表达和组织实施，提供实例。对学校发展规划及其编制过程的理解，决定了学校发展规划编制过程的工作思路和策略，进而决定了学校发展规划的文本内容。三者相互联系、相互影响，构成一个有机整体。

案例，按照研究者的身份分类，可以分为“他人的案例”和“自己的案例”。“他人的案例”的研究者是案例事件的“旁观者”和“评判者”，是用“第三人称”写作。“自己的案例”的研究者是案例事件的“参与者”和“亲历者”，是用“第一人称”写作。本书作为一个案例研究，我们是在“讲述自己的故事”，是在“自我解剖”和“自我呈现”。

本书的写作，要特别感谢东莞中学办学顾问、广东第二师范学院闫德明教授的悉心指导，感谢广东第二师范学院王蕙、刘永林、苏鸿三位教授的热情而专业的帮助，感谢广东省中小学校长培训中心的专家与项目组的工作人员，感谢东莞中学所有参与本书编写的同事、同学与家长。

限于编著者的学术水平，书中难免有错漏之处，敬请专家和同行批评指正。

目录

CONTENTS

第三章　学校发展规划个案

第一章　学校发展规划释义

第一节　学校发展规划的前期准备

一、明确学校发展规划的内涵

学校发展规划是指学校在一定的办学理念指导下，根据国家和地区教育发展的战略要求，结合自身实际情况，对未来三至五年发展过程中的指导思想、主要目标、重点任务、保障措施和实施策略等方面所做出的一系列的规约和谋划。这一界定包括以下几个方面的要点。

1. 学校发展规划是应然与实然的统一

任何一所学校的发展规划总会在不同的层面反映了人们对教育问题的思考，是人们对学校教育现象（活动）的一种基本看法和理性审视。但是，学校发展规划并不仅仅是一种“价值无涉”的“事实判断”，人们“选择什么”或“不选择什么”总是会受到一定“范式”的影响①，因而它也是一种“价值判断”。所以，建立在教育规律基础之上的学校发展规划，是学校发展的“应然状态”和“实然状态”的有机结合，蕴含着人们对教育的理性思考和理想追求。

2. 学校发展规划是外因与内因的统一

任何一所学校的发展规划总是在特定的外部环境和内部环境的交互作用下形成的。外因是条件，内因是根据。外因通过内因而起作用。从外部看，世界教育改革和发展趋势，国家关于教育的方针政策和法律法规，区域的政治、经济、文化和社会发展水平，等等，都在不同程度地制约着学

---

① 库恩认为：科学活动具有主体性，科学知识不可能完全价值中立，科学活动往往受到科学家的旨趣、价值观、语言习惯等因素影响，每一个科学领域都是围绕着一个支配性的“范式”理论而组成的。参见：库恩. 李宝恒，等译. 科学革命的结构［M］. 上海：上海科学技术出版社，1980.

校发展的策略和方向。从内部看，学校的办学条件、师资队伍、生源情况、校风校纪、教学质量以及管理水平各不相同，这决定了学校能够做什么。学校发展规划实际上就是这些“外在压力”和“内在张力”之间的博弈和抉择。

3. 学校发展规划是历史与未来的统一

学校发展规划是对未来三至五年或者十年左右时段学校发展的战略布局。任何一所学校都有其或长或短的历史，学校发展规划绕不过这种“历史积淀”。历史可以映照现实折射未来，对现实和未来的迷茫是因为对历史知之甚少。现在包含着过去，而又充满了未来。学校发展规划既有对过去的诊断和分析，又有对未来的预测和憧憬。编制学校发展规划的过程就是立足现实、总结历史、谋划未来的过程。

4. 学校发展规划是静态与动态的统一

学校发展规划既体现为一种“静态文本”，同时也表现为一种“动态变革”。形成“文本”是相对容易的，它甚至不需要改变学校的管理行为，只是预先设想的、具有可能性的方案，但可能性并不必然转变为现实，面对学校复杂多样的人、财、物等因素，这种静态的“一次性”的“文本”难以促进学校的长远发展；而强调静态与动态相结合，注重管理方式的改善，涉及有关的“活动”和“过程”等，从而使得规划更能根据变动的环境来调整学校的发展策略，并在持续的实践活动中修改和完善，进而改变学校的管理结构，促进学校发展。所以，学校发展规划既是一种学校管理方式的更新，又是通过学校共同体成员来制订和实施学校发展综合性方案的过程，是为学校发展提供支持能力，并不断探索学校的发展策略，持续改进教育教学质量而进行的管理行动。①

二、搜集学校发展规划的文献

搜集学校发展规划文献，是为了眼光看得更远，思考更具有深度和广度。这一类文献主要包括三个方面。

1. 相关研究成果

这些成果大致有三类：专业著作、专题论文和专项课题。

（1）专业著作。如：（挪威）波·林达著，范国睿译，《理论与战略：

---

① 楚江亭. 学校发展规划：内涵、特征及模式转变［J］. 教育研究，2008（2）：81－85.

国际视野中的学校发展》，教育科学出版社，2002年版；高洪源著，《学校战略管理》，重庆大学出版社，2006年版；教育部发展规划司编写，《教育规划理论与实践》，中国大百科全书出版社，2006年版；孙远航、屠广越、祈英主编，《学校发展规划与实施》，华东师范大学出版社，2007年版。

（2）专题论文。在中国知网（http：//www.cnki.net/）用“学校发展规划”作为关键词查询（2011年9月8日），共有记录378条，其中有硕士论文、期刊论文和报纸论文。这些论文有理论研究也有实践研究，有比较研究也有个案研究。如：俞伟娟，《学校发展规划与学校发展的个案研究》，华东师范大学2008年硕士论文；凡勇昆，《中小学制定学校发展规划的个案研究——基于上海市B中学2005～2007年学校发展规划》，华东师范大学2009年硕士论文；楚江亭，《学校发展规划：内涵、特征及模式转变》，载《教育研究》，2008年第2期；王俏华，《英国中小学学校发展规划的内容研究》，载《外国中小学教育》2008年第6期；陈建华，《英国、澳大利亚、丹麦中小学学校发展规划项目的比较研究》，载《全球教育展望》2010年第7期；闫德明，《学校发展应有个性化“施工图”》，载《中国教育报》2011年7月5日。

（3）专项课题。学校发展规划中的一些重点、难点和热点问题，如：“教师专业发展”、“教学质量评价”、“德育创新”、“学校制度建设”等，可能会有专项课题进行了专门研究，要注意吸收这些研究成果，为自己所用。

2. 国家和区域教育发展规划

《国家中长期教育改革和发展规划纲要（2010—2020年）》和区域教育发展的战略布局，是编制学校发展规划的重要依据。

2010年7月，中共中央、国务院印发的《国家中长期教育改革和发展规划纲要（2010—2020年）》（以下简称《教育规划纲要》）指出，今后一个时期我国教育事业改革发展的工作方针是：优先发展，育人为本，改革创新，促进公平，提高质量。坚持把教育摆在优先发展的战略地位，把育人为本作为教育工作的根本要求，把改革创新作为教育发展的强大动力，把促进公平作为国家基本教育政策，把提高质量作为教育改革发展的核心任务。

到2020年，我国教育事业改革发展的战略目标是“两基本，一进入”，即基本实现教育现代化，基本建成学习型社会，进入人力资源强国行列。实现更高水平的普及教育，形成惠及全民的公平教育，提供更加丰富的优质教育，构建体系完备的终身教育，健全充满活力的教育体制。

坚持以人为本、全面实施素质教育是教育改革发展的战略主题。核心是解决好培养什么人、怎样培养人的问题，目标是培养德智体美全面发展的社会主义建设者和接班人，重点是提高学生的社会责任感、创新精神和实践能力，推进思路是坚持德育为先、能力为重、全面发展。

《教育规划纲要》按照完善现代国民教育体系、形成终身教育体系的要求，明确了今后一个时期我国教育的八项发展任务。一是积极发展学前教育，重点发展农村学前教育。二是依法实施九年义务教育，巩固提高教育水平，重点推进均衡发展，消除辍学现象，夯实教育公平的基础。三是普及高中阶段教育，合理确定普通高中和中等职业学校招生比例，提升我国新增劳动力受教育水平。四是把职业教育放在更加突出位置，建立健全政府主导、行业指导、企业参与的办学机制；完善职业教育支持政策，增强职业教育吸引力，提高学生就业创业能力；加强面向农村的职业教育。五是全面提高高等教育质量，使人才培养、科学研究和社会服务整体水平显著提升；优化高等教育结构，鼓励高校办出特色、办出水平，加快创建世界一流大学和高水平大学步伐。六是发展继续教育，通过建立学分转换、完善自学考试、办好开放大学等制度措施，搭建终身学习的“立交桥”，努力建设学习型社会。七是重视和支持民族教育事业，全面提高少数民族和民族地区教育发展水平；大力推进双语教育。八是关心和支持特殊教育，完善特殊教育体系，健全特殊教育保障机制。

《教育规划纲要》以人才培养为核心，对教育改革进行了总体设计，明确了六项改革任务。一是改革人才培养体制。强调更新培养观念，创新培养模式，改革教育质量评价和人才评价制度。二是改革考试招生制度。按照政府宏观管理、学校自主招生、学生多次选择的思路，逐步形成分类考试、综合评价、多元录取的考试招生制度，加强信息公开和社会监督。三是建设中国特色现代学校制度。推进政校分开、管办分离，保障学校办学自主权，建设依法办学、自主管理、民主监督、社会参与的现代学校制度。四是改革办学体制。坚持教育公益性原则，形成以政府办学为主体、全社会积极参与、公办教育和民办教育共同发展的格局；大力支持、依法管理民办教育。五是改革管理体制。以转变政府职能和简政放权为重点，形成政事分开、权责明确、统筹协调、规范有序的教育管理体制，提高公共教育服务水平。六是扩大教育开放。引进优质教育资源，推动我国高水平教育机构海外办学，提高我国教育国际交流合作水平。

为保障教育事业科学发展，实现教育改革发展的战略目标，教育规划纲要提出了六项保障措施：一是加强教师队伍建设。健全教师管理制度，改善教师地位待遇，提高教师业务水平，努力建设一支师德高尚、业务精湛、结构合理、充满活力的高素质专业化教师队伍。二是保障经费投入。健全以政府投入为主、多渠道筹集教育经费的体制，增加财政性教育投入，调动全社会办教育的积极性，完善受教育者合理分担机制；加强管理，提高经费使用效益。三是加快教育信息化进程。构建国家教育管理信息系统，加强优质教育资源开发应用，提高教育质量和管理水平，以教育信息化带动教育现代化。四是推进依法治教。完善中国特色社会主义教育法律体系，坚持依法治校、从严治校，加强教育督导、教育执法和监督问责。五是加强和改善党和政府对教育工作的领导，切实履行推动教育事业优先发展、科学发展的职责。加强和改进教育系统党的建设，充分发挥党组织在学校工作中的作用，始终坚持社会主义办学方向，切实维护教育系统和谐安全稳定。六是着眼于教育改革发展全局和人民群众关心的突出问题，以加强薄弱环节和关键领域为重点，提出了本届政府启动实施的重大项目和改革试点。

随后，一些省（直辖市、自治区）也相继颁发自己的中长期教育改革和发展纲要。在此基础上，一些市（县、区）编制了自己的教育发展规划。如：

2010 年 9 月 1 日，广东省召开教育工作会议，提出到 2020 年实现“两强”、“五化”、“一全体”、“一率先”的战略目标，明确了各级各类教育发展的重点任务和教育体制机制改革的清晰思路。

广东教育改革发展的战略目标，是围绕建设教育强省和人力资源强省制定的，具体讲就是实现义务教育均衡化、学前教育到高等教育普及化、终身教育全民化、教育服务多元化、教育合作国际化，在全国率先基本实现教育现代化。

未来10年，将是广东由教育大省向教育强省、人力资源大省向人力资源强省跨越发展的重要阶段。必须按照国家《教育规划纲要》的总体要求，结合广东经济社会发展的实际情况，制定实施好广东教育规划纲要，着力抓好义务教育均衡发展工程、高中阶段教育普及工程、职业教育发展壮大工程、高等教育发展水平提升工程、高素质教师队伍建设工程，建立起结构优化、协调发展、具有广东特色、充满生机与活力的现代国民教育体系和终身教育体系，形成满足人民群众多样化学习需求的学习型社会，使广东成为国家教育综合改革示范区，把珠三角地区打造成为我国南方的教育高地。

当前和今后一个时期，广东教育发展的主要任务：一是普及学前教育，重点加快发展农村学前教育。二是巩固提高九年义务教育水平，统筹解决非户籍常住人口子女平等接受教育问题，保障残疾儿童少年接受教育；深化义务教育学校布局调整，加快学校规范化建设，建立城乡义务教育一体化发展机制，要在县（市、区）域内实现城乡均衡发展，夯实教育公平的基础。三是加快普及高中阶段教育，优化发展普通高中，大力发展中等职业教育。四是加快发展壮大职业教育，建设现代职业教育体系，推进校企合作，改革人才培养模式，提高职业教育发展水平。五是提升高等教育发展水平，着力提升高等学校人才培养、科研创新、文化引领、社会服务综合实力，增强对区域经济社会科学发展的贡献力；保持高等教育规模合理增长，优化高等教育结构。六是建立完善面向全民的终身教育体系，搭建终身学习的立交桥，建立广覆盖、多层次、多形式的教育网络，建设全民学习、终身学习的学习型社会。七是大力推进师资队伍建设，特别是农村教师队伍建设和高层次人才队伍建设。八是推进粤港澳台教育交流合作和教育国际化。九是大力提升教育信息化水平。这些工作就是新一轮广东教育发展的抓手。

3. 兄弟学校发展规划文本

用“学校发展规划”作为关键词，通过“百度”（http：//www. baidu. com/）、“谷歌”（http：//www. google. com. hk/）等搜索工具，搜索兄弟学校发展规划文本，看看这些规划文本的结构体系和表达方式，了解兄弟学校关心的问题和改革的思路，借鉴先进经验，为自己所用。

三、开展学校发展规划的调研

没有调查研究就没有发言权。学校拥有的优势与劣势，面临的机遇与挑战，师生员工的诉求，社会各界的期待，不是仅凭拍拍脑袋就能够得出结论的，而是需要深入细致的调查研究。

1. 调研对象

调研对象既包括学校领导（含部分退休校级领导），又包括教师（含部分退休教师）；既包括校内人员（师生员工），又包括校外人员（校友、家长、社区人士、上级领导等）。

这里特别需要强调的是，要重视调研学生，研究确定学生发展目标，即尝试建立以学生发展为目的的学校教育教学工作体系。根据学生发展需要建立学校管理体系，考虑学校管理机构和制度的修改。办学效益首先不是战略和策略问题，而是哲学问题，是目的论的问题。现在几乎所有学校都在制定学校发展规划，有明确的学校发展目标和教师发展目标，但遗憾的是，往往没有明确的学生发展目标。这是一种典型的“请消费者注意”的思维，而不是“请注意消费者”。我们主张，建立目的体系要从终极目的出发，要把确定学生发展目标作为首要的事情。学校发展规划应该是学校育人体系的一个整体设计，而不应该仅仅是提高管理效能和追求学校特色的策略。①

2. 调研方式

问卷调查、座谈交流、网络征集、随堂听课、实地观察等。

3. 调研分析

调研完毕后，要分析学校发展规划的资料（调查问卷分析、访谈交流分析、办学历史分析、前期规划分析），撰写调研报告。

第二节　学校发展规划的基本内容

学校发展规划是共性与个性的统一。学校发展规划的基本内容一般包括指导思想、主要目标、重点任务、保障措施和实施策略等方面。然而，不同地区、不同学校的学校发展规划的内容要点却是不尽相同的，既不应该也不可能是相同的。例如，英国学校发展规划的内容以学校的使命（Mission）、愿景（Vision）和目标（Aim）为基础，分为核心和辅助两个部分。核心部分包括学校的课程、教师发展、学生辅导和训育等三个方面，辅助部分由招生、管理结构与方法以及物质和财力资源等三个方面组成。② 每一所学校都是具体的和唯一的，都有其特定的“文化场域”。因而，真正“管用”的学校发展规划不是那些似曾相识的“标准件”，而是一份份“个性鲜明”的“施工图”。

---

① 季苹. 实现管理的教育性——“学生研究”意义之三［J］. 中小学管理，2008（7）：13－16. 关于“学生研究”，还可参见作者其他文章。

② 王俏华. 英国中小学学校发展规划的内容研究［J］. 外国中小学教育，2008（6）：18－22.

一、全面性学校发展规划

有些学校是新办学校，抑或不是新办学校，但需要对学校发展战略定位重新思考，需要对整体工作重新布局，这一类的学校发展规划往往是全面性的，内容涉及到方方面面，主要包括：

第一板块，学校发展的指导思想。这一部分的重要工作是凝练和表达学校办学理念。办学理念是指一所学校的师生员工对于学校教育活动或现象的一种理性认识、理想追求及其所形成的观念体系。它不仅反映了一所学校的主体信仰、精神气质和文化特征，而且构成了一所学校绵延流传、兴旺发达的理想支撑和精神动力，是学校持续发展的灵魂和命脉，是学校办出特色的关键所在。

第二板块，学校发展的目标体系。可分为：发展愿景（对学校未来的一种愿望和憧憬）、整体目标（概括性的）和具体目标（可达成可检验可量化的标准，分若干方面列举）。

第三板块，学校发展的重点任务。一般来说，学校发展规划的重点任务往往集中在“师资队伍”、“教学质量”、“德育工作”、“学校管理”以及“教育科研”等方面。

第四板块，学校发展的保障措施。保障措施是一种学校发展的支持系统。这个支持系统也因重点任务不同而不同。一般来说有硬件支持系统、环境支持系统以及社会支持系统等。

二、专题性学校发展规划

有些学校是围绕着某一个特色专题或者某一种主题教育思想编制学校发展规划。如：

【案例1】

某学校科学特色创建规划①

（一）科学教育背景分析

1. 当今科学教育的地位与作用

① 资料来源：浙江省宁波市镇海区庄市中心学校网站（http：//zsxx. zhedu. net. cn/）。原文约11000字，限于篇幅，选编有删节。

2. 对小学生进行科学教育的意义

3. 学校原有科学教育做法与基础

（二）科学特色创建目标

1. 总体目标

贯彻“科技育人”理念，以培养实践能力、提升科学素养为目标，以行动研究为主要方法和工作手段，以生态园、生物角、科学创新实验室、活动室为阵地，以“构建校园科技文化”为切入口，从学校成长、学科发展和学生提高三个维度进一步普及与提升学校的科学教育，使学校日渐成为科学教育特色学校。

2. 具体目标

（1）构建科学教育的组织机构，从内容、区域、学生出发的管理模式，形成科学教育管理体系。

（2）构建起利用校园科学专用场地实施科学教育的运作管理机制，形成科学合理的课程制度、活动制度、评估制度及保障制度。

（3）形成科学教育可持续发展体系，逐渐达成课程的最优化和教育效果的最优化。

（4）促进学校、教师、学生发展，使学校的科学教育达成一定知名度，形成科学教育特色。

（三）特色创建具体内容

（1）通过校内科学教育基地（包括生态园、生物角和科技实验、科技创新室）的建设，保障科学教育基地化、活动化、社会化，使科技教育真正落到实处，学以致用。

（2）通过实施科学教育校本课程，进一步普及与提升学校的科技创新教育，促进学校科技教育的系统性、规范性、科学性，培养学生的创新精神，提高学生的实践能力，张扬学生的个性，促进学生健康、和谐、全面地发展。

（3）通过构建班级（中队）科技文化，充分发挥班级（中队）的作用，使学生在潜移默化中接受科技的熏陶，自觉产生爱科学、学科学、用科学的感情。

（4）通过充分挖掘各学科中的科技教育资源，在学科教学中有机渗透科技教育，促进学科教学与科技教育的整合。

（5）通过各项科技教育活动的组织开展，实现科技教育内容与形式的和谐统一，让科技教育丰富多彩、生动活泼，充满生命活力，同时为学生提供更多的科技实践体验机会，从而更好地培养学生的实践能力和创新精神。

(6) 通过科技辅导员队伍建设，提高科技辅导员的素质，从而有效地提高科技教育的质量。

(四) 特色创建实施原则

科学学科实施素质教育除必须遵循教学的一般原则外，还应根据本学科的实际，强调以下几项原则：

①整体协同原则；②层次递进原则；③主体参与原则；④愉快原则；⑤主动参与原则；⑥活动渗透原则；⑦“教、学、做合一”原则；⑧“普及与提高相结合”原则。

(五) 特色创建实施途径

1. 更新教育观念，达成教育共识

2. 整合相关资源，优化课堂教学

3. 积极拓展空间，开展实践活动

4. 多种途径结合，营造科学氛围

5. 重视科研引领，形成科技特色

6. 突出三个协调，处理三个关系

(六) 特色创建保障措施

1. 建立组织机构，落实过程管理

2. 加强学习培训，锻造师资队伍

3. 优化研究条件，保证资金投入

4. 编制校本课程，提升科学特色

(七) 特色创建区域规划

1. 园场设计

(1) 功能定位

(2) 目标设置

(3) 内容设计

2. 配套设计

(1) 实施“科技创新教育”的校本课程

(2) 构建班级（中队）科技文化

(3) 在学科教学中渗透科技教育

(4) 开展科技教育活动

(5) 科技辅导员队伍建设

（八）特色创建成果设想

特色创建的成果从学校、教师、学生三个方面做如下的设想：

学校：力争成为浙江省省级科技教育特色学校；成为宁波市乃至浙江省开展科技教育和教科研基地及示范性学校，形成较好的区域影响；力争成为地区师范类院校科学教师实践实习基地，拥有一定的学术研讨地位。

教师：学校教师整体水平在创建过程中得到有效提高；年轻教师的专业素养、科学教育能力得到可持续发展；学校能涌现一大批热爱科学教育事业的骨干教师，能在科学教育领域或其他学科领域有效开展科学教育，在市、区内有一定的知名度。

学生：具有学科学、爱科学、用科学的科学意识；具有求真务实、探索发现的科学能力；学生的整体素养得到提升。

【案例2】

培养具有高度责任感的人——某中学品牌战略构思

学校品牌战略构思的立足点应该放在哪里？

——人，大写的人。学校品牌是“以人为目的”的品牌。因为，学校是一个“培养人”的社会组织。学校的一切工作都是围绕着“培养人”而展开的。离开了“人”和“人的培养”谈论学校品牌，是毫无意义的。

学校要培养什么样的人？

——培养具有高度责任感的人。

学校为什么要培养这样的人？

——理论依据：教育的本质追求，教育改革和发展趋势。

——现实依据：社会发展趋势，学校的历史与现实。

如何理解“具有高度责任感的人”？

“天下兴亡，我的责任”——台湾忠信高级工商学校；

“地毯上的纸团”——一个小故事的启示。

谁有资格培养这样的人？

——学校是一个“培养人”的社会组织。进一步说，是一个“通过人培养人”的社会组织，是一个“人—人”系统。谁拥有高质量的师资队伍，谁就拥有高质量的教育。

——师资队伍建设，即学校人力资源的开发与管理。

“培养具有高度责任感的人”的人，应该具备什么样的责任感，如何具备这样的责任感？现实状况与理想要求之间有哪些差距？

通过什么途径培养这样的人？

——课堂教学：什么样的课堂教学才是有利于“培养具有高度责任感的人”？学校课堂教学的特质是什么？在新的理念引领下，课堂教学改革的价值追求和改革方向是什么？

——班级管理：什么样的班级管理才是有利于“培养具有高度责任感的人”？学校班级管理的特质是什么？在新的理念引领下，班级管理改革的价值追求和改革方向是什么？

——主题活动：什么样的主题活动才是有利于“培养具有高度责任感的人”？学校系列主题活动有哪些？在新的理念引领下，这些活动改革的价值追求和改革方向是什么？

——校园环境：什么样的校园环境（主要指视觉环境）才是有利于“培养具有高度责任感的人”？学校品牌形象视觉传达的检讨反思：二维平面系统的基本要素（学校标识、学校标准字、学校标准色）及其应用系列如何？是否有VIS手册？三维空间整体设计与营建如何？即校园整体视觉形象：校门、教室、办公室、墙壁、道路、亭廊、楼道、草坪、树木、标语口号等。

通过什么内容培养这样的人？

——“教育内容”，主要指“课程”。课程，是实施素质教育“培养具有高度责任感的人”的关键。

——学校的国家课程、地方课程与校本课程的检视与反思。

如何统筹诸要素，达成育人目标？

——这是一个管理问题。学校是一个社会组织。组织因任务而存在。要完成组织任务，达成组织目标，就需要科学管理。只是每一个单项要素优秀是不够的，还需要统筹整合，优化系统内外资源。

——办学理念：梳理学校的办学理念，明确、系统地表达。

——组织架构：检视学校组织机构设置，理顺关系，明确权责。

——规章制度：建立和完善学校的系列规章制度，依章管理。

——绩效评价：评价是“杠杆”，是“指挥棒”，建立和完善学校各类机构、各类人员、各类事项的评价体系。

——校外资源：开发与利用好学校的各种外部资源（上级领导、专家学者、社区各界、学生家长、历届校友、新闻媒体、兄弟学校等），拓展和优化学校生存和发展的社会性空间。

——形象传播：做好，告诉大家！学校品牌是在传播过程中产生的。充分利用好印刷类传播媒介和电子类传播媒介，全面展示学校品牌形象。

如何科学地推动此项工作？

——要科学、理性地推动此项工作，做好教育科研是一项极为重要的工作。要形成课题系列（纵向系列和横向系列），在研究中工作，在工作中研究。

——总课题：以“培养具有高度责任感的人”作为关键词，依次向区、市、省，乃至相关学术组织申报课题。

——子课题：从课堂教学、班级管理、校本课程等方方面面，设置若干个子课题，分项研究。

——小课题：每一个老师从自己的课堂教学和班级管理过程中遇到的问题出发，把“小问题”变成“小课题”，做好行动研究，撰写教育案例。

——课题“金字塔”：总课题是塔尖，子课题是塔身，小课题是塔基。

三、渐进性学校发展规划

学校持续健康发展应该是渐进性、累积性的，而不是推倒重来。正确的要继续坚持，不足的要优化完善，陈旧的要突破更新。有些学校的发展正是按照这样的一个思路来编制的，如：东莞市东莞中学、佛山市南海区大沥高级中学、广州市白云区京溪小学，等等。

某小学推进智慧教育三年发展规划（2012～2014年）

导　语

编制本规划的目的和依据。

第一部分　智慧教育的含义与意义

智慧、智慧教育、京溪小学为什么要推进智慧教育（理论依据和实践依据）。

第二部分　未来三年中继续坚持的方面

推进智慧教育不是对前期工作的否定，而是在原有基础上的继承和发展，是对原有工作的总结和提升，凡是符合智慧教育思想的，有利于推进智慧教育工作的，学校的优良传统，行之有效的做法，备受好评的措施，一定要坚持。

围绕智慧型教学、智慧型课程、智慧型德育、智慧型教师、智慧型环境、智慧型科研以及智慧型管理等方面展开。

第三部分　未来三年中优化完善的方面

主要是指在原有的工作中，有些措施、方法或者制度规章，一部分符合智慧教育的指导思想，要坚持；一部分不符合智慧教育的指导思想，要改进完善。

围绕智慧型教学、智慧型课程、智慧型德育、智慧型教师、智慧型环境、智慧型科研以及智慧型管理等方面展开。

第四部分　未来三年中突破更新的方面

主要是指在原有的工作中，根据智慧教育的指导思想，还没有开展的工作，还没有采取的措施，属于创新的内容。

围绕智慧型教学、智慧型课程、智慧型德育、智慧型教师、智慧型环境、智慧型科研以及智慧型管理等方面展开。

第二章　学校发展规划调研

第一节　东莞中学学校管理情况调研报告[①]

为了制定学校“十二五”发展规划，受东莞中学委托，我们分别从“学校管理”、“德育工作”、“教师专业发展”和“课程教学科研”等四个方面对学校工作进行了专题调查。本调查报告是关于“学校管理”方面的。

一、调查的内容与方法

1. 主题释义——调查什么

学校管理专题调查究竟要调查什么？这首先涉及到对“学校管理”的理解。所谓学校管理，是指学校管理者通过一定的机构和制度，采用一定的手段和方法，带领和引导师生员工，充分利用校内外的资源和条件，有效实现学校工作目标的组织活动。[②] 这种“组织活动”包括多方面的内容，如：“德育工作”、“师资队伍建设”、“课程教学科研”，等等。鉴于这些内容已有专题研究，本研究注重从“学校文化”的视角探讨问题。

所谓学校文化，就是一所学校在长期的教育实践中积淀和创造出来的，并为其成员认同和遵循的价值观念体系、行为规范准则和物化环境风貌的一种整合和结晶，它表现为学校的“综合个性”。[③] 人们通常将其分类为精神文化、行为文化和视觉文化。

精神文化是学校文化的内核与灵魂，是形成行为文化和视觉文化的基

① 本调研报告由广东第二师范学院教授闫德明主持完成。

② 张济正．学校管理学导论（修订本）［M］．上海：华东师范大学出版社，1990：22.

③ 闫德明．现代学校管理学［M］．北京：人民教育出版社，1999：181.

础和依据，具体体现为学校的办学理念。行为文化是精神文化的动态表达，是践行办学理念的可靠保障。有人把行为文化进一步分为“活动文化”和“制度文化”（或“规范文化”）。视觉文化是精神文化的静态传达，也是行为文化的必要补充。有人把视觉文化称之为“物质文化”（或“器物文化”、“校园环境”）。精神文化、行为文化和视觉文化相互影响和相互作用构成了一个密不可分的有机整体，学校品牌的个性形象由此得以彰显而易于识别。

基于以上理解，本调查在进一步分解学校精神文化、行为文化和视觉文化的构成要素的基础上，设计了《学校管理研究调查问卷》和《学校管理研究访谈提纲》（见附录二和附录三）。

2. 过程方法——如何调查

（1）文献法。

分析了学校提供的部分纸质文本：《东莞中学办学思想》、《东莞中学章程》、《东莞中学教职工手册》（2007 年 4 月）、《东莞中学申报国家示范性普通高中自评报告》（2006 年 4 月）、《东莞中学年度工作总结》（2007～2008 学年度、2008～2009 学年度、2009～2010 学年度、2010～2011 学年度第一学期）、《东莞中学学期工作安排》（2010～2011 学年度第一学期和第二学期各周主要安排）、《建设校园文化，营造精神家园》（团委提供的“六大品牌活动”总结，2007～2008 学年度和 2009～2010 学年度工作总结）、《东莞中学校园文化建设规划》（初稿，2007 年 3 月）、《坚持服务为本，构建和谐莞中——东莞中学 2010 年教育工会工作总结》、《点燃生命的火焰：东莞中学 2008～2010 学年度“国旗下讲话”选辑》、《莞中教研》（第 81、82 期）、《东莞中学 VI 设计手册》、《东莞中学平面图》（2011 年）等。

通过访问东莞中学校园网（http：//www. dgzx. net/main/index. php），浏览了部分栏目。

（2）问卷法。

《学校管理研究调查问卷》（见附录二）回收总份数 211 份。问卷第一部分选择题，有效作答份数 210 份，有效作答率 99.5%，其中第一题和第二题有效作答为 209 份，其余题目均为 210 份。问卷第二部分简答题，有效作答份数 177 份，有效作答率 83.9%。

（3）访谈法。

提供《学校管理研究访谈提纲》（见附录三），访谈校级领导、中层干部和部分教师。

（4）观察法。

听课2节，观看升旗仪式1次。观察校园，评析学校视觉环境。

二、调查的结果与分析

1. 东莞中学精神文化的评析

学校精神文化是指学校成员中一种主导性的思想观念和价值取向，具体表现为一种工作状态、人际风气和精神面貌。精神文化"深藏"在组织成员工作、学习和生活的行为方式之中，它通过"一只无形的手"在发挥作用，不容易被"捕捉"到。

然而，学校精神文化也可以通过一些载体，如"办学理念"、"校园标语"、"工作总结"、"规章制度"等，进行宣传表达。

以"办学理念"为例，办学理念不等于学校精神文化但是其重要的载体之一，它指的是一所学校的师生员工对于学校教育活动或现象的一种理性认识、理想追求及其所形成的观念体系。一所学校不是有没有和要不要办学理念的问题，而是有什么样的办学理念，怎么样提炼、表达和践行办学理念的问题。办学理念有显性的（明确表达的），也有隐性的（实际起作用的）。有些学校显性的办学理念非常时髦，而隐性的办学理念却是另外一回事。因此，考察一所学校的办学理念不仅要看说了什么，而且要看实际做了什么。

东莞中学的办学理念是：自主、和谐、共同发展；办学宗旨是：对每一位学生的终身发展负责；办学目标是：与社会发展相适应的、能与世界先进教育对话的国内一流学校；教学理念是：高效、多元、共享智慧。办学特色是：教育生态平衡。

在调研中得知，东莞中学的办学理念是在广泛征求教师意见的基础上，经反复研讨而形成的。

调查问卷选择题第1题，"学校的办学思想，我很认同也在教育教学实践中做到了。"统计结果显示：①很不赞成，0.5%；②不赞成，1.4%；③一般，12.0%；④较赞成，41.1%；⑤完全赞成，45.0%。

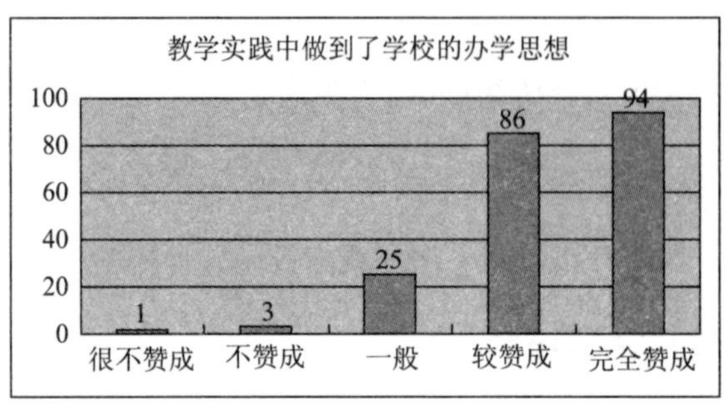

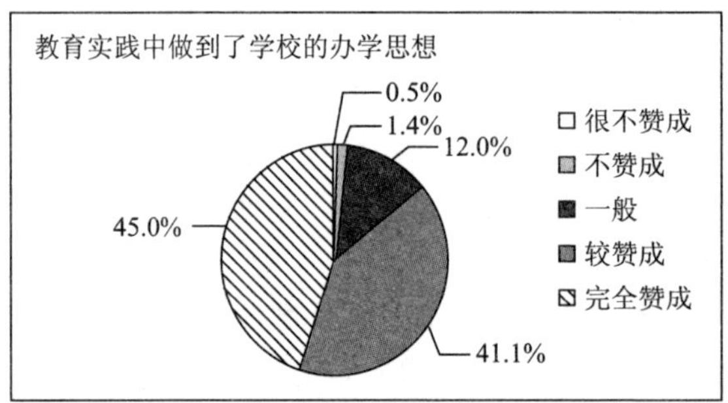

调查问卷简答题第 7 题，“在您看来，当前东莞中学最亮点（最精彩）的地方是哪几个方面?”统计结果显示，很多老师选择了这样的一些关键词：“办学理念先进”、“尊重学生个性”、“师生和谐发展”、“校园文化建设”、“真正实施素质教育”、“民主而人性化管理，适度而良性的竞争”、“培养学生的综合素质，而不只是应试教育”、“给予学生更多的自主思考空间，师生的创新氛围好”等。

然而，办学理念又不仅仅只是一句话或几句话，而是由众多要素构成的一个有机整体，例如，办学目标：办什么样的学校；育人目标（培养目标）：培养什么样的人；办学思路：怎么样办学；校训：学校规定的对师生有教育、激励或训诫、规范作用的词语；学风：关于如何学的一些原则要求和价值取向；教风：关于如何教的一些原则要求和价值取向；管理作风：关于如何管的一些原则要求和价值取向；校风：是一所学校的校园秩序、成员稳定的行为倾向、相互关系及精神面貌这四种因素的整体效应；校歌：以音乐的形式表达学校成员对教育活动的理性认识和理想追求；宣传用语（广告语、激励语、警醒语、教育口号）：以特定的语言形式和表达风格诠释学校成员对教育活动的理性认识和理想追求。

一所学校的办学理念不一定要面面俱到，在“思考不成熟”或对有些提法“没有把握”的情况下，可以考虑分期分批地进行。

总体上看，一方面，东莞中学的办学理念继承了学校文化的传统，得到了师生员工的认同，反映了学校现实的情况，指引了学校发展的方向。东莞中学的办学理念诠释简练、流畅、准确，有一定深度和广度，“显性的表达”与“隐性的规约”具有高度的一致性，这在其他学校是不常见到的情形。另一方面，东莞中学办学理念的构成要素还不够全面，有些关键要素，如校训，还没有提出；有些关键要素虽然有，如校歌，但没有得到广泛认同。

2. 东莞中学行为文化的评析

学校行为文化是指学校根据其发展目标和治校理念，经过统筹策划和精心设计，从而形成一种整体协调、目标一致的活动序列和规范体系。学校行为文化的动态表现形式是一系列的学校专题活动（例如：庆典活动、竞赛活动、公益活动、学术活动等）。学校行为文化的静态表现形式是一整套的制度规范体系（例如：会议制度、考评制度、听课制度、卫生制度等）。

（1）东莞中学校园文化活动。

“活动”，作为一种“文化载体”，总是在特定的文化氛围中进行，承载着特定的文化气息，隐含着特定的文化诉求，反映了特定的价值取向。以下是东莞中学各类校园文化活动项目：

①教师自我发展。教师自我发展学校、名师与骨干教师示范课与实验课比赛、青年教师优质课比赛、教师基本功大赛、对外公开课、校本课程开发、课题研究（开题与结题）报告会、论文答辩会、“一帮一”活动、教坛新秀评选。

②特色教育：英语教育——英语角、英语口语比赛、英语演讲比赛、英语作文大赛、英语单词记忆比赛、听力比赛、希望英语比赛；信息教育——信息学竞赛、多媒体辅助教学、学科及专题网站建设、网络实验室、DV 大赛、电视编导、电台 DJ；人文教育——人文工作室、《云雕》、《莞中风采》、《“教育智慧”专辑》、《莞中通讯》、《教研活页》；科技教育——青少年科技创新大赛、综合实践活动、研究性学习、通用技术实践、学科实验室开放；健康教育——心理教育、青春期教育、性教育、生理健康与卫生教育、饮食健康、体育健康；社团活动——各类学生社团、各类教师社团。

③书香校园。绿瓦楼讲堂、读书节、师生书画作品展览、朝阳读书活动、演讲、朗诵、辩论、读书会、新书推介、读书心得征文、成长故事、好文同读、音乐铃声、各类宣传墙报、小评论、国旗下讲话、时事讲座、

文史阅览室与英语阅览室开放。

④科技活动。科技节、青少年科技创新大赛、综合实践活动、研究性学习、通用技术实践、学科实验室开放。

⑤艺术活动。艺术节、舞蹈、合唱、器乐、星海音乐角、校园十大歌手大赛、话剧、小品、相声、中学生形象大赛、主持人大赛、组合演艺大赛、教工健美操、教工时装表演、原创歌曲创作大赛、陶艺工作室、书画创作工作室。

⑥体育活动。体育节、排球赛、篮球赛、羽毛球俱乐部（五星）、乒乓球比赛、毽球比赛、游泳、网球、广播体操比赛、拔河。

⑦主题班会。特长教育、现代公民教育、绿色教育、理想信念教育、人格教育、美德教育、感恩教育、诚信教育、法制教育、礼仪教育、习惯教育、学雷锋活动。

⑧绿色学校。全国绿色学校校园项目管理活动（节约行动）、植树节、环境日、古树名木观测、观鸟活动。

⑨重大节日。入学礼、毕业礼、校庆日、元旦、春节、“三·八”妇女节、清明节、“五·一”劳动节、“五·四”青年节、“六·一”儿童节、教师节、中秋节、国庆节、“一二·九运动”、十八岁成人宣誓。

东莞中学的校园文化活动丰富多彩，主题鲜明，安排有序，影响深远，受到师生员工的广泛好评。调查问卷简答题第7题，“在您看来，当前东莞中学最亮点（最精彩）的地方是哪几个方面?”统计结果显示，很多老师选择了这样的一些关键词：“校园文化活动丰富”、“体育节、艺术节、科技节”、“培养学生综合素质，而不只是应试教育”、“能为学生提供较多的自由发展的空间和机会”等。

（2）东莞中学内部规范体系。

首先应当明确指出的是，“规范体系”不等于“制度文化”而只是“制度文化”的一种载体而已。说在嘴上、印在纸上、刷在墙上、挂在网上的“规范体系”反映了人们的价值取向和文化诉求。例如：“教师要不要实行坐班制”，“如何选拔一名中层干部”，“怎么样评价教师工作业绩”，这些“显性规定”的背后隐含着诸多价值观念和文化传统的博弈与权衡。因此，分析一所学校的“制度文化”，决不能只是了解有哪些规范，还要看人们对这些规范的“认同度”。

学校内部规范体系是指学校按照有关要求并根据学校实际情况制定的，用以指导、鼓励、制止、调控师生员工教育教学行为的一种指示系统。在日常话语中，这种“指示系统”常常称之为“学校规章制度”或“学校管理常规”。科学完善的规范体系是办好一所学校的基础，是促进学校持续健康发展的必要条件，是学校最宝贵的精神财富。

学校内部行为规范体系按纵向可以分为五个层级（学校章程、机构设置、岗位规范、工作规程和考评奖惩），在每个层级中又有若干个不同的板块，由此构成一个纵横交错、彼此关联的网络结构。

学校章程——如何做？它规定了学校的性质、方向和基本原则，是学校行为规范体系的总纲；机构设置——谁来做？它通过划分职能和理清权责，确定了学校内部的治理结构；岗位规范——做什么？它是通过职位描述和工作说明，为选人用人和考核评价提供依据；工作规程——怎么做？它明确了各项活动的具体要求和办事程序，理顺了各种工作关系；考评奖惩——做得如何？它是对各个机构的各个人员的各项工作做得如何作出考核评价，为实施奖励处罚提供依据。这样，学校内部行为规范就形成了一个纵向延伸和横向展开相结合的体系。

①学校章程。学校章程是指为保证学校正常运行，主要就办学宗旨、主要任务、内部管理体制及财务活动等重大的、基本的问题，做出全面规范而形成的自律性基本文件。它是学校自主管理、自我约束以及政府监管的基本依据。

《东莞中学学校章程》（讨论稿）于2006年12月经教代会讨论通过，并报教育局备案。《东莞中学学校章程》（讨论稿）分总则、分则，总共十一章七十四条。总体上看，《东莞中学学校章程》（讨论稿）内容取舍得当，语言精练，结构（章、条、款）合理，认同度高。

调查问卷选择题第2题，“我了解并理解《东莞中学章程》”。统计结果显示：①很不赞成，0%；②不赞成，3%；③一般，27%；④较赞成，44%；⑤完全赞成，26%。

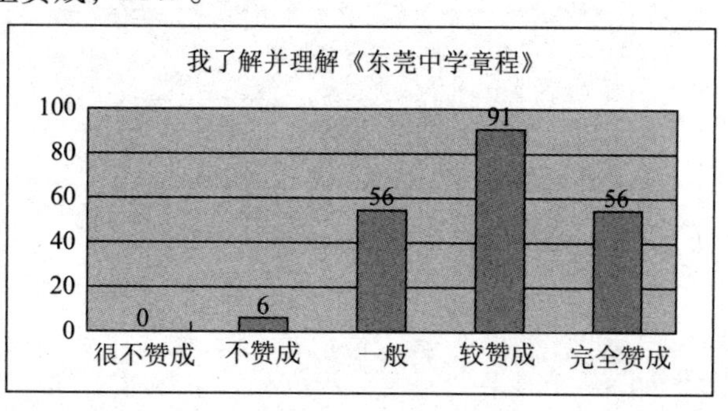

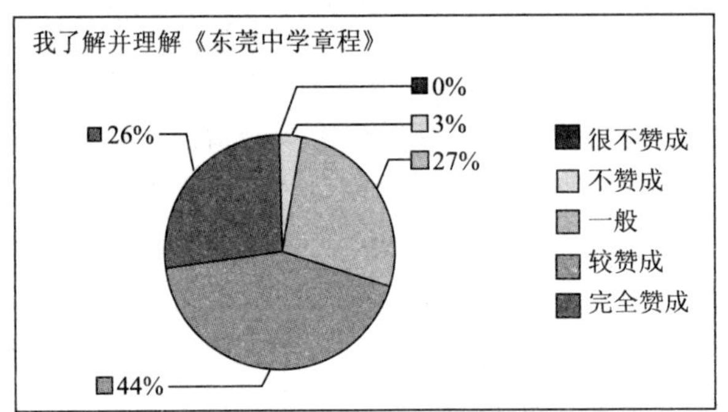

②机构设置及其职能划分。组织因特定的任务而存在，而任务需要分解，因此就产生了组织内不同类别的机构和不同数量的岗位。当学校章程确立了办学方向和基本原则之后，接下来就要设置内部组织机构，划分工作职能，明确权责关系。结构确立了一种权力模式和伙伴关系，因而也确定了角色（高层、中层和基层），每个角色都知道他自己和他人的合法权力范围。在相当大的程度上，结构决定着信息流通和决策所需要的信息网络。结构也决定着工作程序系统，即集中力量完成组织任务。①

学校需要画出"组织结构图"，明了学校内部"条条"与"块块"的关系。《东莞中学教职工手册》中有"管理层级机构示意图"和"教职工工作岗位示意图"。文本分析和调研访谈显示，东莞中学组织机构设置层级分明，跨度恰当，结构合理，权责分明，运转流畅。

调查问卷选择题第 3 题，"学校组织机构设置的结构合理，权责分明，运转流畅。"统计结果显示：①很不赞成，0%；②不赞成，4%；③一般，18%；④较赞成，49%；⑤完全赞成，29%。

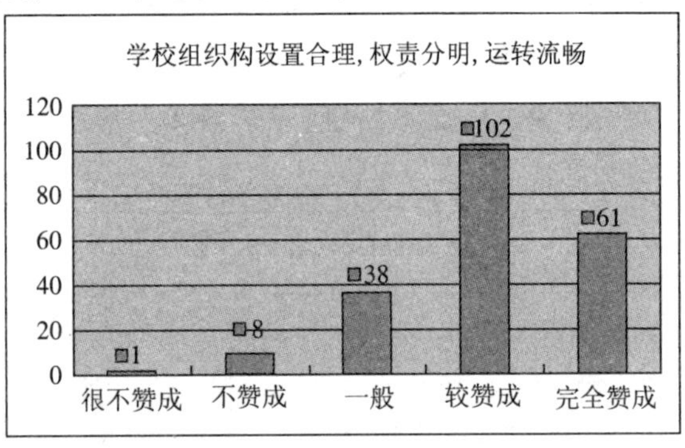

① 罗伯特·G. 欧文斯. 教育组织行为学（第七版）［M］. 窦卫林译. 上海：华东师范大学出版社，2001：127－130.

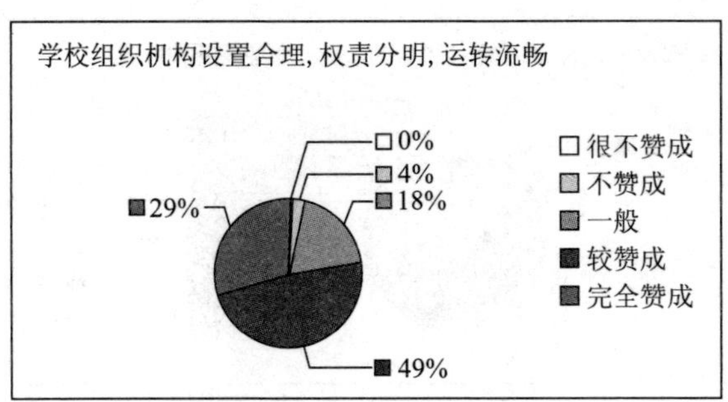

③岗位职责。划分了职能，设置了机构，确定了相应岗位的级别（职级）和数量（职数）之后，就要编制岗位说明书，它是实施岗位设置管理和人员聘用的重要环节和基础性工作，是竞争上岗、人员聘用、考核奖惩、聘后管理的重要依据。

岗位说明书是对岗位名称、类别、等级、职责任务、工作标准、任职条件等内容的总体描述。岗位职责任务指岗位应承担的工作内容和范围，工作标准指岗位工作内容应达到的质量、数量基本标准，任职条件指从事岗位所需要的基本素质、学历资历、专业知识、工作能力和其他要求。

《东莞中学教职工手册》第五章“岗位描述”中，对“校长室、党总支部、教工会、校务办公室、教导处、政教处、总务处、团委会”八个部门中的72个岗位，按“岗位名称、直接上级、直接下级、本职工作、直接责任、主要权力”等六个方面，进行了描述。①

调查问卷选择题第4题，“学校各个部门的岗位（职位）设置合理，人事匹配，责任明确。”统计结果显示：①很不赞成，0%；②不赞成，5%；③一般，22%；④较赞成，48%；⑤完全赞成，25%。

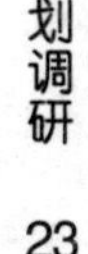

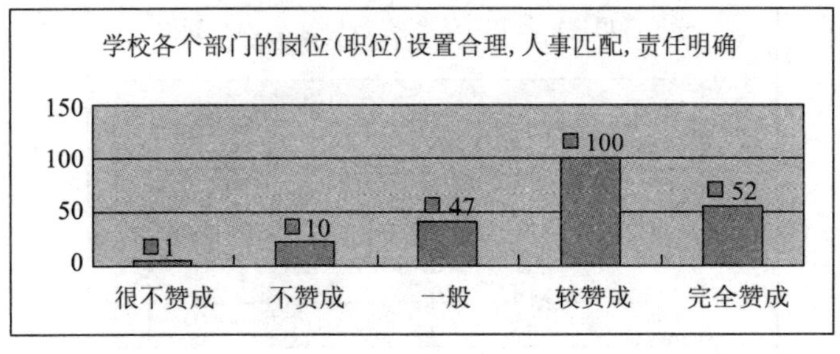

① 将工作和教职工组编成可管理的单元。把所有教职工按相对固定的任务分工制定好一套相应的职位结构，而其中某一个具体职位，简称为岗位。见《东莞中学教职工手册》第7页。

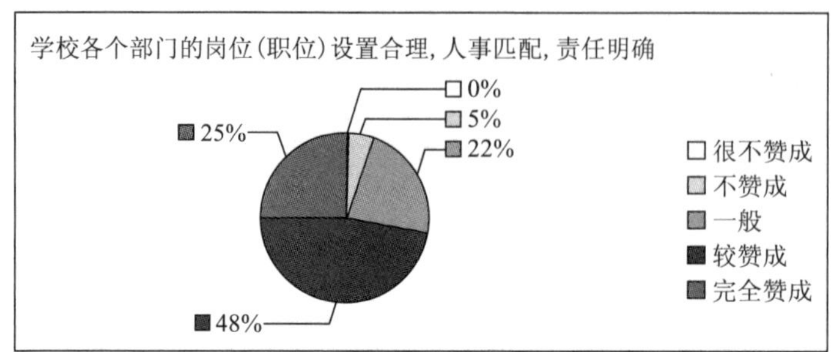

④工作规程。工作规程指的是完成一项工作任务的规则、程序、步骤和具体要求，它要解决的是“如何做”的问题。工作规程涉及到学校工作的方方面面，每一所学校的工作规程，在数量、种类、规定内容、简繁程度等方面都是不一致的（不可能也不应该是一致的），它是学校内部规范体系中最富有个性特色的一个板块。

在《东莞中学教职工手册》中，“工作规程”分为两个部分：一个部分是“工作制度”，具体有“教师职业道德规范”、“行政管理制度”、“教学管理制度”、“德育管理制度”、“后勤管理制度”、“安全保卫制度”、“教工会工作制度”和“团委会工作制度”，共103条；另一个部分是“运作程序”，具体有“行政管理原则”、“横向联系工作程序”、“教导处工作程序”、“政教处工作程序”、“总务处工作程序”、“团委会工作程序”和“教工会工作程序”，共78条。

调查问卷选择题第5题，“学校各项规章制度科学完善，情理兼容，执行到位。”统计结果显示：①很不赞成，1%；②不赞成，4%；③一般，27%；④较赞成，48%；⑤完全赞成，20%。

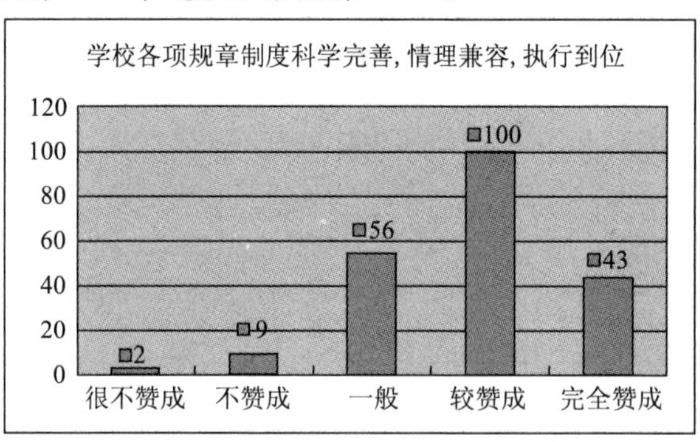

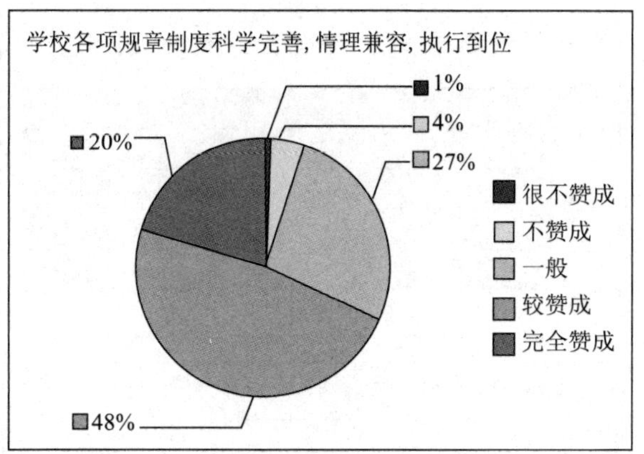

调查问卷选择题第 6 题，“学校重大问题决策具有民主性和科学性。”统计结果显示：①很不赞成，0%；②不赞成，7%；③一般，20%；④较赞成，44%；⑤完全赞成，29%。

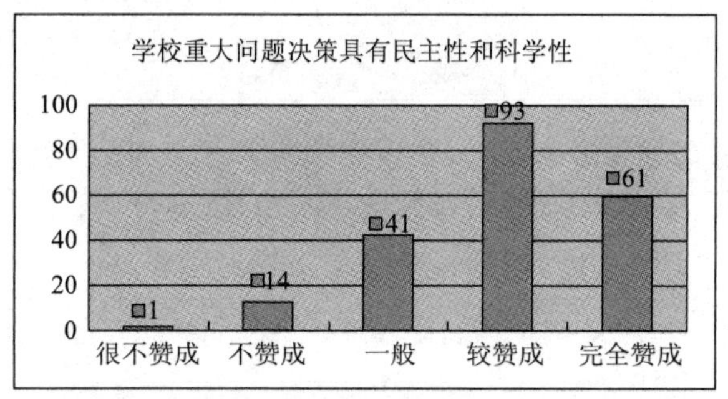

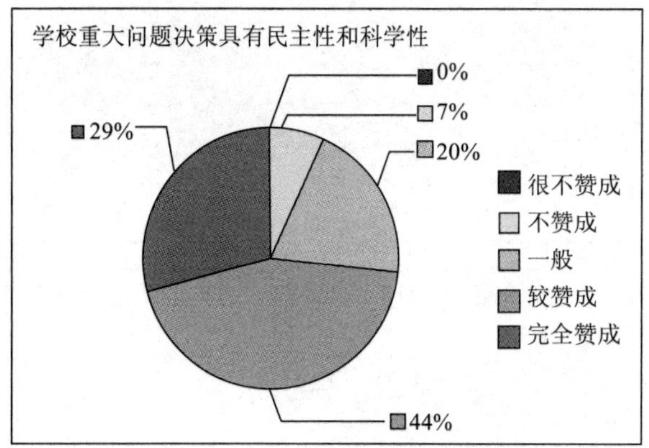

调查问卷选择题第 8 题，“学校各类会议数量适当，会风良好，实效性强。”统计结果显示：①很不赞成，1%；②不赞成，3%；③一般，22%；④较赞成，44%；⑤完全赞成，30%。

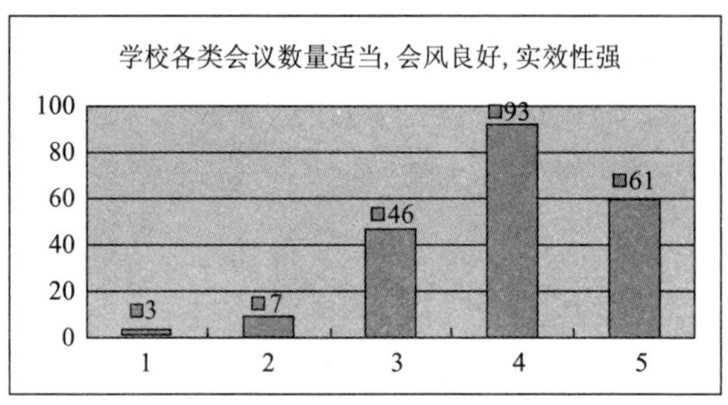

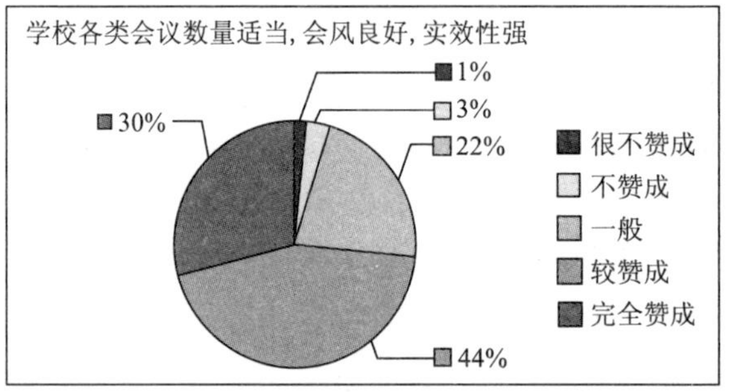

调查问卷选择题第9题，“学校中层干部（含科组长、级组长）选任程序规范，任人唯贤。”统计结果显示：①很不赞成，2%；②不赞成，4%；③一般，16%；④较赞成，44%；⑤完全赞成，34%。

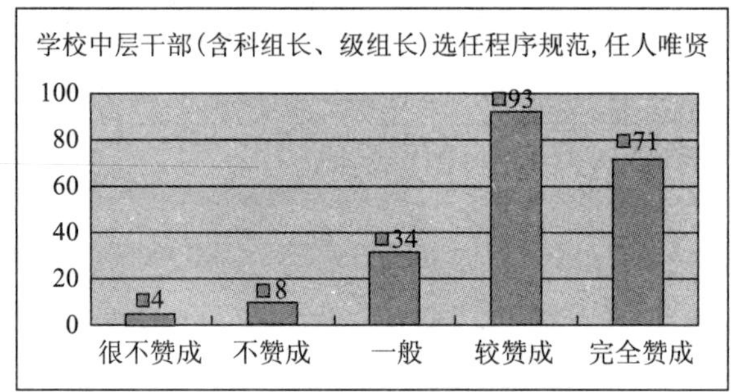

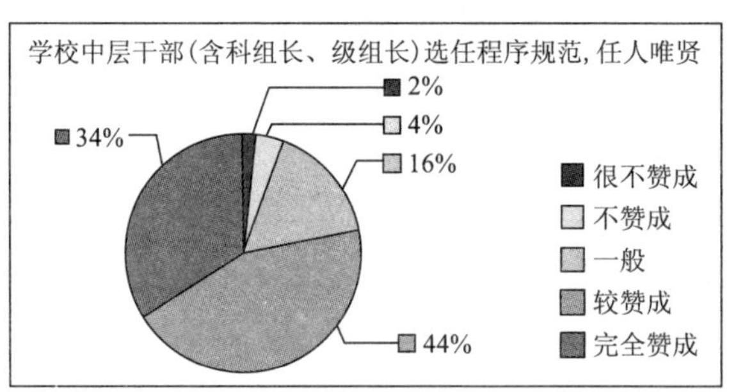

调查问卷选择题第10题，“学校各项工作总体安排计划性强，有条不紊，秩序良好。”统计结果显示：①很不赞成，1%；②不赞成，3%；③一般，17%；④较赞成，46%；⑤完全赞成，34%。

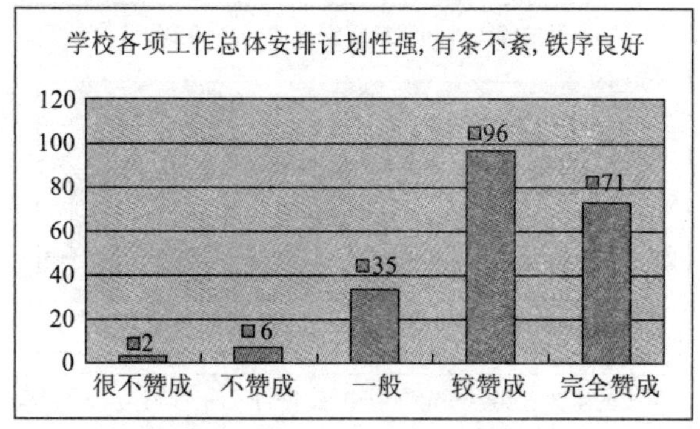

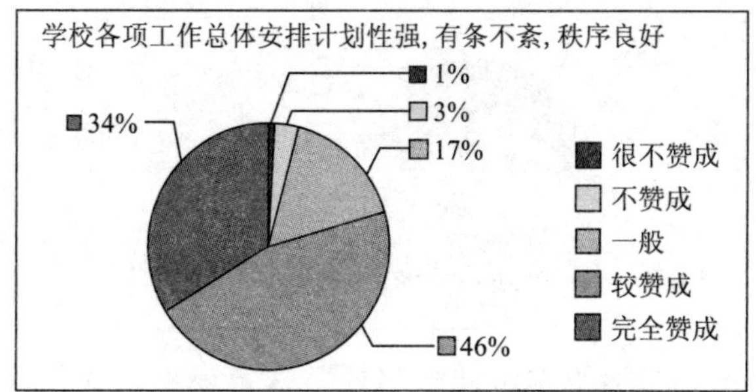

⑤考评奖惩。在一个完整的学校内部规范体系之中，有关考核评价和奖励处罚的内容是不可缺少的，它要解决的是“做得如何”这样的问题。

考评与奖惩主要有以下几类：一是对人员的考评与奖惩，如有的学校设有“首席教师”、“骨干教师”、“教坛新秀”、“优秀班主任”等。二是对组织的考评与奖惩，如“优秀班”、“优秀学科组”、“优秀年级组”、“优秀党支部”等。三是对事件的考评与奖惩，如“课堂教学评价”、“卫生检查制度”等。

在《东莞中学教职工手册》中，“考评奖惩”的内容分散在“工作制度”和“运作程序”之中，主要有“奖教金制度”（p60）、“教学目标评估和奖励”（p89）、“先进科组评比条例”（p102）、“先进班评比实施细则”（p116）、“先进班主任评比实施细则”（p119）、“三好学生和优秀学生干部评选条例”（p121）、“奖学金实施条例（讨论稿）”（p122）、“学生宿舍评分办法”（p128）、“教工子弟奖励制度”（p162）、“文明家庭评选制度”（p163）、“团内评优制度”（p167）。

调查问卷选择题第 7 题，“学校的考评与奖惩规定合情合理，导向正确。”统计结果显示：①很不赞成，2%；②不赞成，6%；③一般，29%；④较赞成，41%；⑤完全赞成，22%。

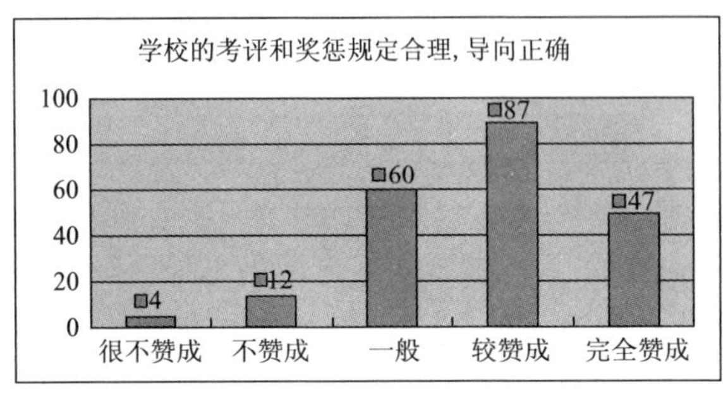

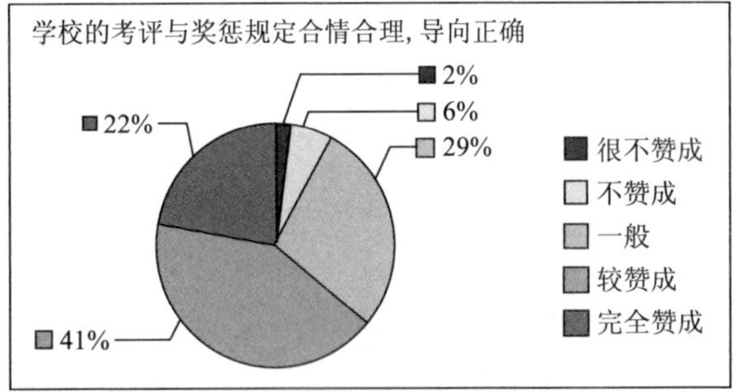

应该说，东莞中学的“考评与奖惩”规范还不太齐备，有一些空缺，需要进一步补充、完善。现行《东莞中学教职工手册》是 2007 年 4 月修订的，可能有一些重要内容还没有及时补充上去。

3. 东莞中学视觉文化的评析

学校视觉文化是指学校为了引导公众正确认识和辨别其个性形象，对学校的一切可视对象进行统筹策划和美化设计，从而形成能够传达学校精神追求和价值取向的视觉符号体系。

学校视觉环境包括三维空间和二维平面两个部分。三维空间视觉环境是指一种校园立体环境，或者说一种校园空间形态，主要包括学校建筑布局、室内外空间营造以及景观设计。二维平面视觉环境包括基本要素和应用要素两个部分，指的是学校标志、学校标准字、学校标准色及其在学校的办公、环境、交通、通信、宣传、服饰、礼品等方面的具体展开和应用。

总的来看，东莞中学的校园环境是优美的，要素是齐全的。但若是基于特色学校要求，甚至是建立学校品牌形象，营建一个充分体现学校文化特色，深具引导能力并能激发学习的环境来说，在诸多方面还是很不够的。[①]

（1）建筑方面。

从建筑及其环境看，学校北区的建筑是不同历史时期建起来的，基于不同的历史条件、政治经济原因、教育文化观念等，建筑风格样式多样，主要可分为四个部分：其一是20世纪七八十年代前后建起来的学校主体教学楼、行政办公楼等一些现代建筑；其二是20世纪二三十年代建的，汲取了一些西洋建筑元素的建筑；其三是整合进来的荔苑宾馆的那部分具有强烈岭南建筑风格特征的商业建筑；其四是特殊的历史遗留的具有独特历史文化价值的古代民居遗址。四部分建筑组成了学校丰富多样的建筑语言，又彰显了学校特有的历史发展脉络和文化底蕴。

但不足的是，学校的建筑语言丰富多样的同时，却在校园整体建筑语意上缺乏有机的统一，由于特殊的历史原因，学校的这四部分建筑构成的系统，略感带有生硬的组合之嫌；如果说其中一处特有的历史民居遗迹作为特定的历史保护建筑，以文物保护的特殊性而独存特立，那原来的宾馆建筑、以绿瓦楼为代表的二三十年代建筑和以入口主教学楼为代表的八九十年代的建筑等三类建筑之间在建筑形式、色彩、材质等方面就缺乏内在的有机联系。尤其荔苑宾馆具有浓郁岭南文化意蕴的建筑语言和七八十年代的那些所谓的现代建筑的冷漠干涩的语言之间很不搭调。

（2）园林方面。

学校现在的园林相对建筑来说，矛盾显得不是特别突出。但也存在一些不是很理想的地方，这当中，原荔苑宾馆那一片一枝独秀、独特丰满的岭南园林文化风味大大丰富了学校校园文化的内涵，恰恰因为它的存在，使行政楼为代表的校园另一侧的景园显得苍白而无趣。

一方面，北区广场以若干有特色的大乔木和雕塑以及较为生态的广场绿地构成的稍显场所精神的景观作为过渡，但整个校园的园林景致是左重右轻。另一方面，尽管一进入校门，就有一个体量较大的假山以及教学楼前面的若干绿地辅以若干雕塑，试图营建一个软质的富有一定文化内涵的环境，但是，这些地方的设计手法、风格语言各自独立，整体上不成章法，相互之间不构成有机内在联系，不能形成体现学校某些理念文化和精神诉求的演绎，在体量超大、立面形式简陋且色彩白硬生冷的白瓷砖包裹下的教学楼挤压下，使学校进门的整个看面造就了校园景观的生冷浅俗的

① 东莞中学校园环境的评析主要来源于华南理工大学教授管少平博士。

第一感觉，与后面的荔苑宾馆区和北区广场的语言大为脱节，起不到作为启首章的作用。另外，校园右半边以教学楼为代表的室外环境，除各景观要素孤立和缺少精神外，也同时缺少师生参与的可达性和互动性。

（3）信息环境。

学校的物质环境、办学特色、制度管理系统、师生的行为方式等无一不作为媒介传播着学校的文化信息，构筑起学校的信息环境。但更完整、更有效的传播学校文化及品牌形象的信息环境的形成，东莞中学还有一些工作要做。除了上面说的基于建筑及其环境对学校文化及历史信息的承载与传播等部分内容外，更重要的，一套完整的学校 CIS 系统的建立可以较全面地打造学校的信息环境，有助学校的特色建设并加快提升学校的品牌形象及其传播。

大家都知道，CIS 系统包括 MI、BI、VI 三个系统。MI 即理念识别系统，完整的学校识别系统的建立，有赖于学校理念的确立，也是系统运作的原动力与实施基石；学校的 MI 主要包括学校的经营哲学、核心价值观、学校精神等。BI 即行为识别系统，即透过动态的活动形式，建立学校形象，它规划学校内部的组织、管理、教育，以及对社会的一切活动。这些活动得到学校内部师生的认可和支持之后，便能进一步得到社会公众的接受，从而进一步促进学校文化的传播，强化学校品牌形象，创造更加有利于学校深化发展的内外部环境。VI 是静态的识别符号，也是具体化、视觉化的传达形式；经过组织化的视觉方案，传达学校的信息。

理念和行为系统，东莞中学已经在多年的积淀的基础上进一步完善和提升，VI 系统学校也已经完成了一套手册，但从初步印象看，基础系统部分，标志图形的识别性不是很鲜明，视觉冲击力不强而不便记忆，色彩系统是古趣有余而表现中小学、青少年的鲜活、青春、成长、未来、希望不足；应用系统，许多项目的设计形式只是商业 VI 通用格式化的东西，能体现东莞中学独有的东西不多。

三、初步的结论与建议

1. 初步的结论

综合调查问卷、访谈交流、文本分析、现场观察等多方面的情况分析，可以认为，东莞中学是一所思想观念先进、管理民主规范、教学质量优良、人际关系和谐、校园环境优美、文化活动丰富、师生员工和社会各界认同度高的学校。具体表现是：

（1）学校的办学思想先进，教职工充分认同并能够在教育教学实践中贯彻实施。

（2）《东莞中学章程》表述规范，内容精当，表决程序合法，具体工作能够依章执行。

（3）学校组织机构设置的结构合理，权责分明，运转流畅。

（4）学校各个部门的岗位（职位）设置合理，人事匹配，责任明确。

（5）学校各项规章制度科学完善，情理兼容，执行到位。

（6）学校重大问题决策具有民主性和科学性。

（7）学校的考评与奖惩规定合情合理，导向正确。

（8）学校各类会议数量适当，会风良好，实效性强。

（9）学校中层干部（含科组长、级组长）选任程序规范，任人唯贤。

（10）学校各项工作总体安排计划性强，有条不紊，秩序良好。

以这十个方面为题，对学校教职工开展问卷调查，问卷总份数 211 份，有效作答份数 210 份，有效作答率 99.5%。经过统计分析发现，64% 以上的教职工对这十个方面都持赞成态度（包括完全赞成和较赞成），对这十个方面持赞成态度的教职工比例分别为 86%、70%、78%、72%、68%、73%、64%、73%、78%、80%。

2. “十二五”期间改革与创新的几点建议

（1）设专项课题，研究东莞中学学生的特质及其影响因素。

学校是一个培养人的社会组织。学校办得怎么样，关键是看学生培养得怎么样。一流的师资、一流的设备、一流的环境、一流的管理，最终要落脚在学生身上。学生既是教育服务的“消费者”，也是教育服务质量的“承载者”。人是文化的人，文化以“润物细无声”的方式影响着人的成长。一个人在一所学校“浸润”了若干年之后，就不可避免地被“烙下”深深的“文化印记”。东莞中学的文化特性最终要体现在东莞中学的学生特质上。

在调查访谈过程中，不少领导和老师都列举学生的事例，诸如：学生对母校感情深厚，以母校为骄傲；学生在大学里表现突出，比其他中学毕业的学生更有发展潜力；学生走上社会在各行各业成才率高，知名校友多，等等。这些事例特别真实感人，但比较零散，不够系统，缺乏系统的定量与定性分析。

人们不禁要追问，在一种特定的学校文化熏陶下，东莞中学的学生究竟具有哪种独特品质呢？这种独特品质受哪些因素的影响？与学校教育有什么关系？或者说，学校的办学理念、课程设置、课堂教学、专题活动、班主任工作等，对学生的成长究竟产生什么样的影响呢？找到这种因果关系，学校在发展过程中，应该坚持什么、放弃什么、完善什么，就会有理有据。因为，学校文化的传承与创新始终要围绕着“培养什么样的人”、“怎么样培养人”来思考问题。

（2）凝练校训，唱响校歌，完善办学理念，弘扬学校精神。

设立一个专项研究，凝练东莞中学校训，进一步完善学校办学理念构成要素。

校训（School Motto）是指学校规定的对师生有教育、激励或训诫、规范作用的词语，它往往由一些寓意深刻的箴言、警句组成。它就像是一个人的“眼睛”，是学校的“心灵窗户”。了解一个学校的校训，可以触摸到学校文化的内核与灵魂。百年莞中不能没有校训。

校歌是以音乐的形式表达学校成员对教育活动的理性认识和理想追求。它能够起到凝聚人心、鼓舞士气、振奋精神的作用。学校没有公布校歌，抑或有校歌但没有深入人心。正如校友在“莞中——我的骄傲”中写道：“校歌，厉害！读了三年的我都未曾听过！”

（3）调整机构设置，加强科研指导，研制出有影响的科研成果。

增设科研处，进一步加大教科研的指导力度，切实帮助老师提高科研能力，研制出一批有影响的科研成果。

东莞中学的办学目标是：能与社会发展相适应、与世界先进教育对话的国内一流学校。名校之名在于名师。要成为这样的“一流学校”，就必须拥有在省内外极具影响的“名师”（如：广东省已经评选了两届的“中学正教授”）。真正的“名师”，不仅是一个“教学能手”，而且是对教育“有想法”、“有做法”、“有说法”的“科研高手”。懂“教育”才能真正懂“教学”。

在教师的访谈中，虽然许多教师对现有的教科研现状并不满意，但是教师们谈论最多的首先是学校科研问题。一些教师认为课题研究与教学实际脱离，“教学工作中碰到的问题不容易立项，而立项的课题又不是教学中感觉最真实的问题”。教师对学校教研活动的评价，从统计结果看，表示满意的仅有9%，表示比较满意的为41%。总体来看，学校现有的教研活动及其制度安排尚不能满足教师们的需要，还有很大的改进空间。学校的各类活动安排很丰富，但主要是旨在提高学生素质的社团活动，旨在提高课堂教学质量的教研活动，真正属于提高教师教育研究能力的学术活动却不多。问卷调查显示，学校近三年来在省级以上公开刊物上发表论文的老师人数十分稀少，发表过 1 篇的占比是 14.29%，发表 2 篇的占比 7.45%，发表 3 篇以上占比 5.59%，而从没有发表过的老师占比却达到了 70.19%。此外，三年来没有主持或参与过校级或以上课题的老师比例也达到了 70.81% 和 31.68%。老实说，这种状况与东莞中学的“江湖地位”和“办学目标”是相去甚远的。

（4）修订《东莞中学教职工手册》，完善学校内部规范体系。

现行的《东莞中学教职工手册》是 2007 年 4 月修订的，对推动东莞中学的规范管理起到了很大的作用。建议在“十二五”期间再作一次修订，有些必须坚持不变，有些要适当修改，有些可以删除，有些需要补充。

（5）修订学校 VI 手册并展开应用，营建个性化的校园环境。

①建筑方面。

第一，进门主教学楼的立面可在形式和建筑表皮的装饰材质上做些改造，特别是表面材质的质感与色彩上，可选用感觉厚重一点的，颜色相对明度、纯度都低一点的颜色，以不至于它显得那么单薄生硬且尖锐，而缺少文化内涵和底蕴。

第二，在新的改建计划中，可考虑校园最右侧（进门右手）新的改建建筑无论在风格形式还是色彩上，协同行政楼一起，呼应荔苑宾馆那一片区。

总体上，将校园北区打造成一个相对古雅书香的校园特色，可以和对面的校区现代风格形成对照。

②室外环境。

第一，校园右侧的园林景观设计手法尽量呼应一下以荔苑宾馆为代表的左边片区。

第二，以北区广场为代表的中部区域，大乔木的选用与组织上还是要考虑植物群落关系、品种的多样统一以及树形体貌的相对一致，而不是只是求奇求异，还要注意灌木、草被的搭配和地面铺装的有机构成关系。

第三，注意场所的功能区划与衔接，特别要注意场所的特定主题的确立及场所参与的功能与形式的设计，室外环境的营建并不仅仅是绿化和为文化而文化，它同时也应是第二、第三课堂。

第四，加强环境设施，表达文化主题及意味的艺术装置是需要的，但更多的提供师生学习与交互的设施更要进行系统的、结构性的建设。

第五，更多的基于展示性的东西（比如碑廊）要设法和环境空间语言协调，更要与环境功能相得益彰，能和师生的行为和情感构成系统关联；否则，整个学校环境就不能形成充分体现学校理念、交融于师生的行为与情感和充分发挥第二、第三课堂功能的富有文化灵魂的校园环境，而仅仅成为一个推销式的、说教式展示场，这是很多学校校园环境营建的误区，如若这样，已经腻烦教室里的说教的学生更不会在这样进一步的说教室外环境中接受进一步的另类形式的说教。所以，校园环境的参与性、演绎性、交互性是营建考量的重点。

（6）运用多种传播媒介，及时沟通公众，树立学校品牌形象。

在今天这样的开放的、民主的网络时代，学校要善于选择和运用多种传播媒介与社会各界沟通交流。事实上，“你不得不传播”。

学校要注意运用好常用印刷类传播媒介，如学校的一些常用公文：通知、通报、请示、报告、信函、介绍信、请柬、倡议书、贺信（贺电）等；又如学校的一些宣传资料制作：内部书刊、内部报纸、板报、橱窗、新闻报道稿、专题文集、会议资料、广告文词、公开信等。

学校要注意运用好常用电子类传播媒介，如校园网：展示学校形象的重要窗口；校讯通：通过互联网、手机和校园智能刷卡终端构建的家校互动教育信息平台；内部广播与电视：发布信息的重要渠道；电话、短信、QQ、邮件、博客、播客：及时交流的便利途径等。

特别是校园网，它是学校的“第二张脸”。探查一所学校校园网，几乎可以判断这所学校的办学层次和文化水准。东莞中学校园网首页如何设计，栏目如何设置，信息如何管理，是需要认真考量的。

【附录一】

拓展学习资料

（1）林崇德，俞国良. 论心理学视野中的学校精神. 北京师范大学学报（社会科学版），1996（1）.

（2）谈松华. 现代学校制度建设的若干理论与实践问题. 人民教育，2005（6）.

（3）梁伟国，李帆. 一位教育家型校长的成长轨迹. 人民教育，2010（4）.

（4）吴国丽. 文化变革与发展——百年老校的自我更新. 中国教育报，2006，10（5）.

（5）时晓玲. 苏州十中——百年老校原来可以如此灵动. 中国教育报，

2006，10（5）.

（6）王丽方等. 丰富而轻快 活泼而优雅——清华大学附小新校舍设计. 建筑学报，2003（2）.

（7）王金波等. 现代校园规划中历史文脉的传承与延续. 小城镇建设，2005（6）.

（8）蓝继红. 校园文化与环境设计.

（9）韦昀. 中学校训研究（硕士论文）. 华东师范大学，2005.

（10）魏晓凡. 音乐社会学视野中的校歌功能与传播（硕士论文）. 中国传媒大学，2009.

（11）闫德明. 学校品牌的含义、特性及其创建思路. 教育研究，2006（8）.

（12）闫德明. 教育理念的形成与创新：知识论视角. 教育理论与实践，2007（6）.

（13）闫德明. 学校内部规范体系的生成与评价. 教育发展研究，2009（22）.

（14）闫德明. 学校品牌的文化品位. 教育科学研究，2006（4）.

（15）闫德明. CIS 与学校品牌形象策划. 人民教育，2003（23）.

【附录二】

学校管理研究调查问卷

尊敬的各位老师：

东莞中学，百年历程，英才辈出，蜚声海内外。为促进学校持续、健康地发展，学校正在聘请有关专家参与制定“十二五”发展规划。为此，我们设计了一份调查问卷，请各位老师认真填写，答案没有对错之分，请您根据个人的实际情况和真实想法作答，您的意见将会对学校的发展有很大帮助。谢谢！

东莞中学办公室

2011－4－18

第一部分

请根据您的判断回答以下问题，在相应的序号上打“√”

1. 学校的办学思想，我很认同也在教育教学实践中做到了。

①很不赞成　②不赞成　③一般　④较赞成　⑤完全赞成

2. 我了解并理解《东莞中学章程》。

①很不赞成　②不赞成　③一般　④较赞成　⑤完全赞成

3. 学校组织机构设置的结构合理，权责分明，运转流畅。

①很不赞成　②不赞成　③一般　④较赞成　⑤完全赞成

4. 学校各个部门的岗位（职位）设置合理，人事匹配，责任明确。

①很不赞成　②不赞成　③一般　④较赞成　⑤完全赞成

5. 学校各项规章制度科学完善，情理兼容，执行到位。

①很不赞成　②不赞成　③一般　④较赞成　⑤完全赞成

6. 学校重大问题决策具有民主性和科学性。

①很不赞成　②不赞成　③一般　④较赞成　⑤完全赞成

7. 学校的考评与奖惩规定合情合理，导向正确。

①很不赞成　②不赞成　③一般　④较赞成　⑤完全赞成

8. 学校各类会议数量适当，会风良好，实效性强。

①很不赞成　②不赞成　③一般　④较赞成　⑤完全赞成

9. 学校中层干部（含科组长、级组长）选任程序规范，任人唯贤。

①很不赞成　②不赞成　③一般　④较赞成　⑤完全赞成

10. 学校各项工作总体安排计划性强，有条不紊，秩序良好。

①很不赞成　②不赞成　③一般　④较赞成　⑤完全赞成

第二部分

请简要回答下列问题。

1. 在您心目中，东莞中学的优良传统主要反映在哪几个方面？

2. 在您心目中，理想中的优秀学生应该具有什么样的特征？

3. 从您的实际观察看，东莞中学学生的优秀品质主要反映在哪几个方面？

4. 在您看来，学生学习的原则要求和价值取向是什么？

5. 在您看来，教师教学的原则要求和价值取向是什么？

6. 在您看来，学校管理的原则要求和价值取向是什么？

7. 在您看来，当前东莞中学最亮点（最精彩）的地方是哪几个方面？

8. 在您看来，当前东莞中学最需要革除的弊端（发展中的问题）是哪几个方面？

【附录三】

学校管理研究访谈提纲

第一阶段：

1. 东莞中学的办学思想提出的过程、诠释及实践评估。

2. 东莞中学决策指挥、组织实施、检查反馈、评估改进的运转过程。

3. 请提供《东莞中学章程》和其他各项制度汇编。

4. 请介绍东莞中学内部组织机构设置及其职能划分情况。

5. 请介绍东莞中学各种类型活动的安排与实施情况。

6. 请提供近两三年东莞中学总结汇报资料。

第二阶段：

1. 与黄灿明校长交流两个问题，40 分钟。

（1）东莞中学目前还没有校训以及学风、教风、校风等办学理念的基本要素，希望了解一下原因和进一步思考。

（2）希望了解学校建立激励机制方面的情况（教师评价、绩效工资等）。

2. 访谈团委书记和工会主席，了解各类专题活动情况（学生的、教师的），大约一个小时。

3. 查看学校 VI 设计手册，查看校园环境，了解学校视觉文化，大约一个半小时。闫德明教授、华南理工大学管少平教授，请领导带领。

【附录四】

学校管理研究调查问卷统计结果（一）

问卷回收：总份数 211 份

问卷第一部分选择题，有效作答份数 210 份，有效作答率 99.5%，其中第一题和第二题有效作答为 209 份，其余题目均为 210 份。

问卷第二部分简答题，有效作答份数 177 份，有效作答率 83.9%。

问卷第一部分：选择情况

第一部分就学校实践教学思想、教职工对《东莞中学章程》的了解、学校组织机构设置、学校各个岗位设置、学校各项规章制度的制定与执行、学校重大问题的决策、学校考评与奖惩情况、学校各类会议开展情况、学校中层干部选任程序以及学校各项工作的总体安排这 10 个方面开展调查，问卷总份数 211 份，有效作答份数 210 份，有效作答率 99.5%。经过统计分析发现，64% 以上的教职工对这 10 个方面都持赞成态度（包括完全赞成和较赞成），这10个方面持赞成态度的教职工比例分别为86%、70%、78%、72%、68%、73%、64%、73%、78%、80%。具体详见表一：

表一：每道题目每个选项选择人数和选择比例情况

	很不赞成	不赞成	一般	较赞成	完全赞成	
第一题	1	3	25	86	94	209
	0.5%	1.4%	12.0%	41.1%	45.0%	100%
第二题	0	6	56	91	56	209
	0.0%	2.9%	26.8%	43.5%	26.8%	100%
第三题	1	8	38	102	61	210
	0.5%	3.8%	18.1%	48.6%	29.0%	100%
第四题	1	10	47	100	52	210
	0.5%	4.8%	22.4%	47.6%	24.8%	100%
第五题	2	9	56	100	43	210
	1.0%	4.3%	26.7%	47.6%	20.5%	100%
第六题	1	14	41	93	61	210
	0.5%	6.7%	19.5%	44.3%	29.0%	100%
第七题	4	12	60	87	47	210
	1.9%	5.7%	28.6%	41.4%	22.4%	100%
第八题	3	7	46	93	61	210
	1.4%	3.3%	21.9%	44.3%	29.0%	100%
第九题	4	8	34	93	71	210
	1.9%	3.8%	16.2%	44.3%	33.8%	100%
第十题	2	6	35	96	71	210
	1.0%	2.9%	16.7%	45.7%	33.8%	100%

1. 关于学校办学思想，45.0%的教职工完全赞成教育教学实践中做到了；41.1%比较赞成，持一般意见的只占12.0%；另外不赞成和很不赞成的仅占1.9%。因此可认为东莞中学在教育教学实践中基本体现了学校的办学思想。

2. 通过调查发现，非常了解并理解以及比较了解并理解《东莞中学章程》的教职工所占比例分别为26.8%、43.5%；一般性了解的占26.8%，而不了解的仅占2.9%。

3. 关于学校组织机构的设置，77.6%的教职工认为结构合理，权责分明，运转流畅；18.1%的教职工认为学校组织机构设置一般；4.3%的教职工则不认为学校组织机构设置结构合理，权责分明，运转流畅。

4. 关于学校各个部门的岗位（职位）的设置，72.4%的教职工认为设置合理，人事匹配，责任明确；22.4%则认为一般，其余不认为设置合理，人事匹配，责任明确。

5. 关于学校各项规章制度是否科学完善，情理兼容，执行到位，20.5%的教职工完全赞成，47.6%比较赞成，26.7%则认为一般，其余5.3%则表示不赞成。

6. 关于学校重大问题决策是否具有民主性和科学性，73.3%的教职工认为具有民主性和科学性，而19.5%的人则认为一般，而6.7%、0.5%的教职工分别表示不赞成以及很不赞成。

7. 关于学校的考评和奖惩的合理性，大部分教职工普遍认为比较合理，所占比例为63.8%，28.6%的教职工认为一般，少数教职工则认为不合理。

8. 关于学校的各类会议数量、会风以及实效性，73.3%的教职工表示赞成。

9. 对于学校中层（含科组长、班组长）选任程序的规范性以及秩序是否良好，多达78.1%的教职工持肯定意见，而较少数教职工持否定态度。

10. 关于学校各项工作总体安排情况，79.5%的教职工认为安排得有条不紊，秩序良好，计划性强，16.7%的教职工认为一般。

问卷第二部分：简答情况

本部分就东莞中学的优良传统，教师心目中优秀学生的特征与实际中东莞中学学生的优秀品质，学生学习、教师教学以及学校管理的原则要求和价值取向，当前东莞中学最亮点处，以及当前东莞中学最需要革除的弊端这8个方面进行开放式调查，问卷总份数211份，有效作答份数177份，有效作答率84%。对开放式问题提取关键字，调查结果分析如下：

第一题：在您心中，东莞中学的优良传统主要反映在哪几个方面：

有效问卷173份

1. 历史悠久，百年老校，深厚的文化积淀，生源优秀。

2. 人性化管理：对学生的人性化管理和对教师的人性化管理，教师不用坐班。

3. 重视学生的全面发展，重视素质教育。

4. 校风好，教师之间和睦相处；学风好，学生学习气氛浓厚，和谐。

第二题：在您心目中，理想中的优秀学生应该具有什么样的特征？（教师回答）

有效问卷 140 份

1. 自主学习能力。

2. 德智体美劳全面发展。

道德高尚，品行端正，人格健全；思维敏捷，勤于思考；强健的体魄和健康的心理素质，良好的沟通能力；尊重老师，文明有礼，懂得感恩；乐观正直；有创新精神，多才多艺；有责任心，成绩优良，团结合作精神；诚实守信，自尊自信，心胸开阔，上进心强，勤奋，有理想，积极向上。

第三题：实际中，东莞中学学生的优良品质主要反映在哪几个方面？（教师回答）

有效问卷 135 份

1. 自主性强，学习能力强，勤学好问，学习积极，思维活跃，成绩优秀。

2. 全面发展，综合素质高，有礼貌，尊敬老师，积极参加各种活动，才华横溢。

3. 自信心强，诚实，守信，团结合作。

4. 热爱母校，有社会责任感，有爱心。

第四题：在您看来，学生学习的原则要求和价值取向是什么？（教师回答）

有效问卷 125 份

原则要求：自主学习，学习有用的知识，全面发展。

价值取向：提高综合素质，有社会责任感，为社会作贡献，实现自我。

第五题：在您看来，教师教学的原则要求和价值取向是什么？（教师回答）

有效问卷 130 份

原则要求：人性化管理，善待学生，公平公正，以生为本，促进学生身心发展。

价值取向：为每一个学生身心健康发展负责，教书育人，师生共同发展。

第六题：在您看来，学校管理的原则要求和价值取向是什么？

有效问卷 128 份

原则要求：以人为本，公平公正，科学的理念。

价值取向：促进教师和学生的共同发展，为学生的终身发展负责。

第七题：在您看来，当前东莞中学最亮点（最精彩）的地方是哪几个方面？

有效问卷：145 份

人性化管理，教师不用坐班，可合理安排时间；注重学生的综合素质，为学生的全面发展提供各种平台：艺术节、科技节、体育节，社团活动多姿多彩，还有“麦田计划”以及志愿者活动等；百年老校，文化积淀，好的教学理念，师资好，学生成绩优秀；和谐的师生关系；为学生的终身发展负责。

第八题：在您看来，当前东莞中学最需要革除的弊端（发展中的问题）是哪几个方面？

有效问卷：110 份

学校体育场地设施不足；打破大锅饭，同工同酬，奖惩分明；对学生的管理过于宽松，尤其是手机管理；饭堂局限性，菜式单一，后勤部门过于庞大；管理不民主，加强领导与普通教师之间的沟通交流；个别教师积极性不高；提高全体师生节约、节能、减排意识。

第二节　东莞中学课程教学科研情况调研报告[①]

学校自我评估是当前世界教育改革的主流趋向。早在 1999 年，英国教育标准局就制定了《学校自我评估指南》，《指南》指出：“学校最清楚如何解决现存问题……自我评估是学校改进的关键。”2009 年，美国教育界出版《运用数据领导学校》，对校本评估与学校改进进行了更深入的阐述。本研究报告以校本评估的理念为指导，对东莞中学课程发展状况进行初步的分析。

① 本调研报告由广东第二师范学院副教授苏鸿博士主持完成。

一、调查的立场与取向

当描述与分析教育质量时，我们必须首先思考什么是教育质量，谁的教育质量。文献分析告诉我们，关于教育质量观的争论还在持续。学术研究显示，教育质量观的核心不是指标与数量问题，而是立场与价值取向问题。

关于研究的立场，英国教育家 Pring 将教育质量观区分为四种立场，由此形成四个版本，即学术版本、职业版本、本质版本、消费者版本。① Bottery 则将教育质量观区分为传统的质量观、专家的质量观、科层官僚的质量观、消费者的质量观、公共的质量观等。② 国内学术界提出了三种教育学的构想，包括专家教育学、政府教育学和学校教育学，每一种教育学的立场与取向都迥然不同。例如，在政府看来，教育的质量无非是考试的分数，包括升学率、重点率，等等。而作为“消费者”的学生，他们对教育质量的感受则不是用简单的分数所能够诠释的。基于上述的分析，我们更倾向于以学术的立场来分析学校的教育质量。

关于价值取向，学界的研究清楚地显示，教育质量观正从传统的过分注重政府和社会的需求转向注重学生和教师的需求。③ 学校被视为一个生命体，学校教育质量所追求的应该是学校、教师和学生的共赢式发展，国内教育界所提倡的“绿色升学率”的概念正是这一价值取向的生动写照。我们认为，东莞中学作为一所国家示范性高中，应该自觉地超越对“片面升学率”的盲求，在自觉地探索“教育减负”的过程中获得学校更持久、更和谐的发展。

二、调查的概念与方法

1. 关于概念框架

分析学校教育质量需要建构一个科学的概念框架。关于教育质量观的内涵，正在从传统的“数量”观走向“特质”观。④ 在传统上，教育质量

① Pring, Richard. Standards and Quality in Education. British journal of educational studies, 1992, XL (3).

② Bottery, Mike. Education, Policy and Ethics. London: Continuum, 2000.

③ 沈伟，卢乃桂. 问责背景下的教育质量：何为与为何［J］. 全球教育展望，2011（2）.

④ 魏宏聚. 教育质量观的内涵、演进与启示［J］. 教育导刊，2010（1）.

和学校效能评估被简化为一系列的数量指标，并且借助标准化（所谓教育ISO）、技术化的运作，以实现对学校的监控和比较。但是这种教育质量观和学校效能观最终却使学校落入技术宰制的窠臼，肢解了学校作为生命体的生机与活力。晚近以来，教育质量更多地被视为特质。我们拟从课程、教学与教研三个侧面，构建学校教育质量的若干特质（或者说“关键概念”），借助这些概念框架来分析学校的课程发展现状。

2. 关于研究方法

本研究采用了问卷调查、现场访谈、课堂观察、档案分析等多元方法。

问卷调查包括教师问卷和学生问卷。教师问卷共发放165份，回收165份，经过技术分析，共检出有效问卷107份。发放学生问卷92份，回收92份。由于学生问卷为多选题，故主要作为辅助的对比分析。

现场访谈共访谈6次，访谈对象与访谈时间如下：

编码	访谈对象	访谈时间
访谈1	分管教学的副校长	60分钟
访谈2	教导处主任及相关管理人员	60分钟
访谈3	教师代表（各学科选派1~2名代表，共15人）	60分钟
访谈4	教科室主任及相关成员	60分钟
访谈5	数学科组长及教师代表（5人）	30分钟
访谈6	化学科组长及教师代表（5人）	30分钟

课堂观察共计4节，包括语文、历史、数学、化学。

档案分析包括学校近三年教学工作计划和教学总结、网站资源建设情况等。

三、调查的统计与分析

1. 课程资源与学习资源

课程资源观与课程资源建设是学校内涵发展的重要条件。传统的教学主要围绕教科书展开，是基于教科书的教与学，这种狭隘的课程资源观不能有效地挖掘学校的生命潜能，也限制了学生对教材知识的深入理解与主动的意义建构。树立课程资源意识，从根本上说，就是引导教师和学生真正从基于教科书的教与学走向基于资源的教与学。

（1）教师对课程资源的认识。

从问卷分析看，首先教师对教材和教辅的认同度最高；其次是网络资源、班级文化、师生关系、学生经验等。认同度最低的是乡土资源、校外教育机构和课堂突发事件。可以看出，教师的课程资源观正在转变，教材已经不是唯一的课程资源，网络检索与学生分析已经成为部分教师教学考量的对象。但是由于受到应试教育的局限，教师们对课程资源的理解主要还局限在校内、局限于静态的理解。校外的课程资源以及课堂中经常可以遇到的生成性事件尚未进入大多数教师的视野。

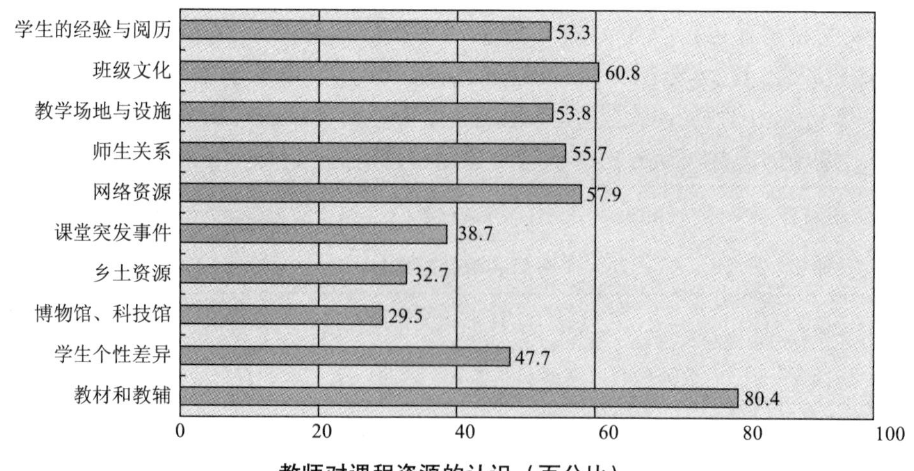

教师对课程资源的认识（百分比）

（2）学生对学习资源的认识。

我们设计了两道问题来考察学生对学习资源的理解。一道题目考察学生对学习资源的理解，选项包括课本、教师、实验室、期刊杂志、教辅资料、网络、家庭生活用品、工农业生产、科研院所等。分析发现，学生对学习资源的理解，认同度最高的依次是教辅资料（90%）、课本（89%）、教师（86%），认同度最低的是工农业生产（16%）、科研院所（35%）。

另一道题目是考察学生获取知识的主要渠道，选项包括课堂教学、网络、同伴帮助、做实验、题海训练、阅读图书等。分析发现，学生获取知识的主要渠道依次是课堂教学、阅读图书、网络、同伴帮助。

上述分析显示，学生对学习资源的理解已经超越了传统的教材和教学，网络以及同伴已经成为学生学习资源的重要来源。

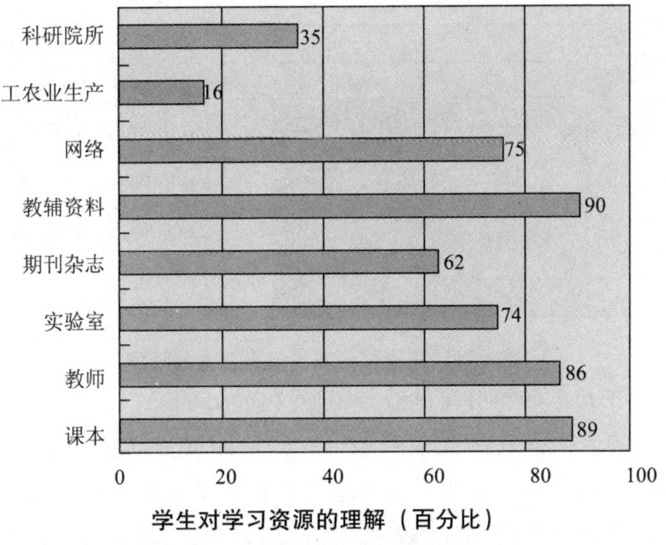

学生对学习资源的理解（百分比）

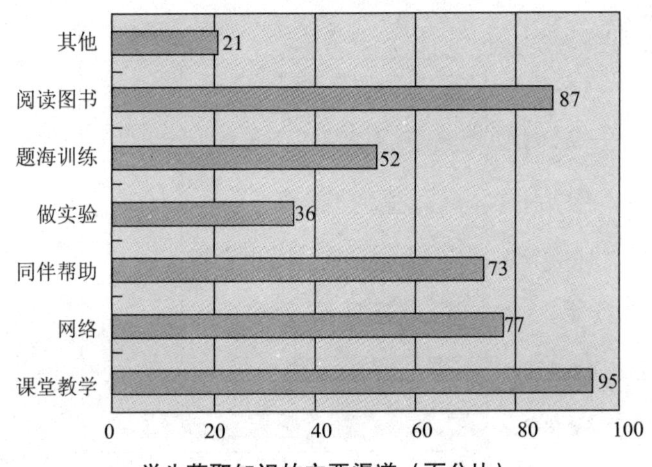

学生获取知识的主要渠道（百分比）

（3）教师对课程资源开发之价值与意义的理解。

大多数教师认同课程资源开发有利于学生知识的掌握和教学质量的提高，但是对于课程资源开发与学生学习方式的转变，教师的认同度最低。这说明教师对课程资源的认识，还主要是从有利于教师的“教”的侧面来理解，而考虑通过课程资源开发来转变学生的学习方式，促进学生更加自主的学习，还没有进入部分教师的视界。

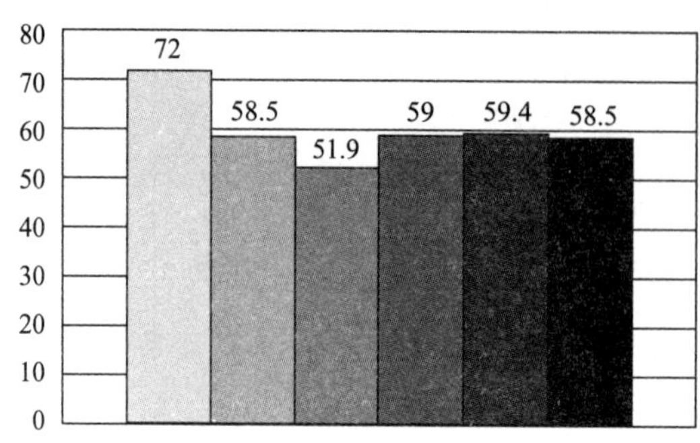

教师对课程资源开发价值与意义的理解

（4）关于目前亟待开发的课程资源（教师问卷）。

对于目前亟待开发的课程资源，教师认同度最高的分别是学生资源、学科历史与文化资源、实践活动资源、日常生活资源。这说明教师们对学生主体给予了高度关注，对教学与生活的联系以及教书与育人的统一有比较深切的认同。

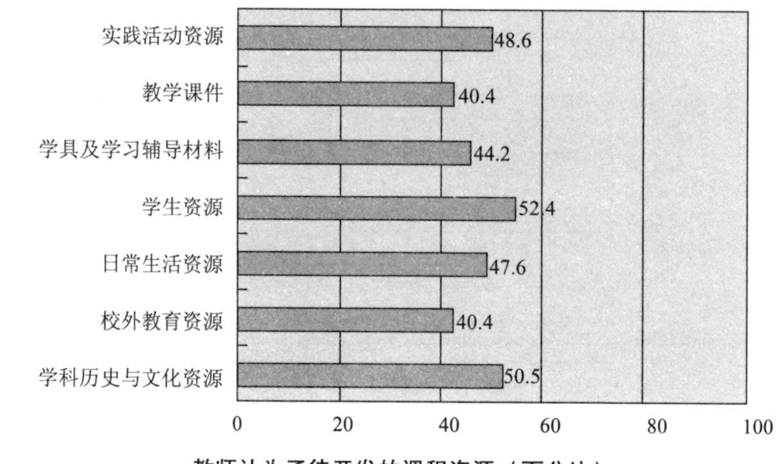

教师认为亟待开发的课程资源（百分比）

2. 校本课程

校本课程开发对于发展学生的个性特长、促进教师的专业发展、形成学校的办学特色都具有十分重要的价值与意义。就学生而言，校本课程有利于满足学生不同的兴趣与需求，发展学生的个性特长。由于国家课程强调统一性和普适性，难以照顾具体学校和学生的差异，而校本课程则增加了学生课程选择的机会与弹性，有利于发挥学生学习的积极性、主动性和创造性。可以说，好的校本课程不仅不会增加学生的学习负担，反而会激发学生强烈的学习热情。就教师发展而言，校本课程开发意味着课程权力的下放，意味着教师的“赋权增能”，而教师课程权力的落实是教师专业发展最重要的保障。① 晚近以来，教师课程权力研究也日益成为课程政策研究和教师专业发展的热点与潮流。② 这也从另一个侧面说明校本课程开发对教师发展的重要意义。

基于以上认识，我们设计了教师问卷与学生问卷，分析师生对校本课程的不同理解。

（1）教师对校本课程开发主体的认识。

从问卷统计可以看出，教师们对校本课程的开发主体还没有形成统一的认识，76.0%的老师认为应该由教师自主开发，而同时也有74.5%的老师认为应该由学校指定的专门人员来开发。另外，也有不少教师认为应该由校外的专家学者或年级组来进行开发。歧义理解的背后，折射的是教师们对校本课程之意义与价值的不同理解以及校本课程开发与教师现有工作量的权衡。

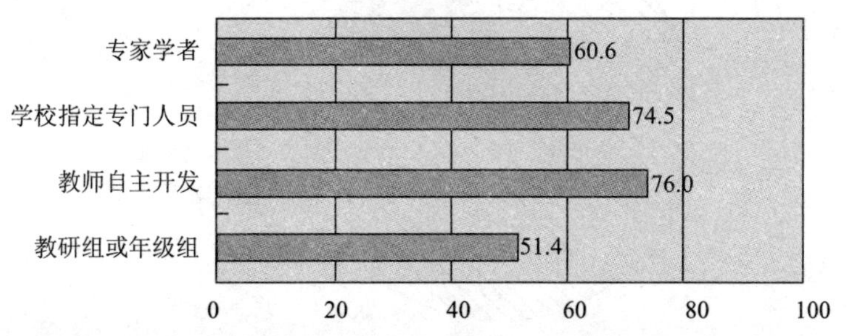

教师对校本课程开发主体的认识（同意+比较同意）（百分比）

（2）学生对校本课程之价值的理解。

学生问卷显示，有54%的学生认为校本课程很有必要，还有41%的学生认为必要性一般。看来，学生对校本课程的价值与意义并没有形成主流的意见。而其原因或许可以从下面关于学生对校本课程的态度中寻找些许线索。

① 王姣姣．论教师课程权力的赋予对教师发展的影响．中小学教师培训，2008（6）．

② 周正．教师课程权力研究的回顾与反思．教师教育研究，2008（3）．

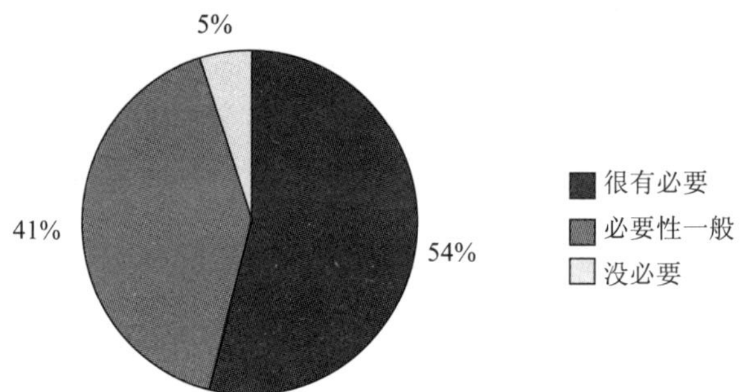

学生对校本课程必要性的认识

（3）学生对校本课程的态度。

对学校提供的校本课程，认同感兴趣的学生只有18%，而69%的学生认为一般，还有12%的学生认为不感兴趣。

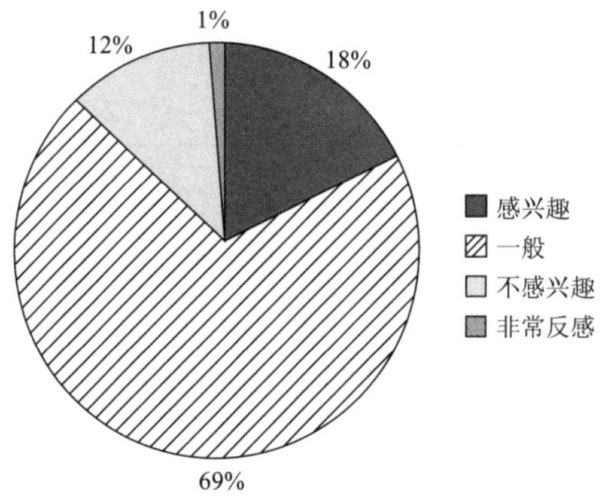

学生对校本课程的态度

3. 教学目标

优质的教学首先体现在教学目标的全面理解。现代建构主义学习理论认为，学习不仅仅是身体的参与，而更重要的是认知的卷入、情感的卷入；是学生作为学习主体进行积极的意义建构的过程。发轫于21世纪初的课程改革同样也将基础教育课程的目标界定为三个相互联系的侧面，即知识与技能、过程与方法及情感、态度与价值观。在新课程三维目标中，过程与方法目标的设计与实施尤其受到教育界的高度关注，因为过程与方法目标所体现的正是建构主义学习理论对学生学习主体性的高度关注。①

① 梁靖云."过程与方法"目标的思考［J］.教育理论与实践，2011（14）.

在对教学目标的问卷调查中，77%的教师认为学生自主学习能力和学生思维方法的训练特别重要。在五个选项中，知识与技能的认同度最低。这反映出教师们在思想上已经认识到学生自主学习的重要性，认识到教学目标不仅仅局限于传统的知识与技能的侧面，而应该涵括更广泛的生命生成的侧面。

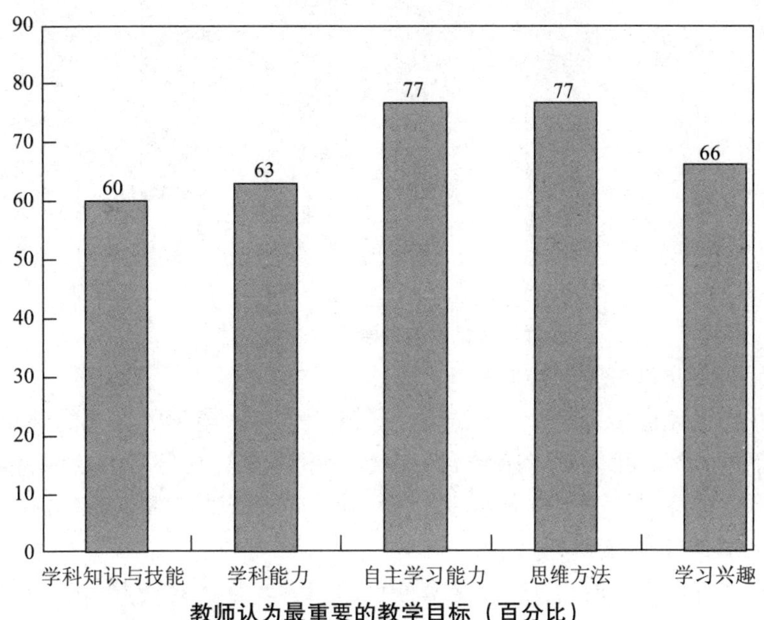

教师认为最重要的教学目标（百分比）

4. 教学策略与学习方式

（1）教师的视角与声音。

现代教学理论以及大量优质学校的成功案例证明，好的教学策略必须彰显学生学习的主动性；必须展现课程与生活的联系，引导学生主动地进行认知建构。我们据此对教师们常用的教学策略进行了分析。发现教师使用最多的教学策略依次是教师讲授（66%）、联系生活（61%）和师生问答（54%）；而较少采用的教学策略则是学生自学（40%）、活动探究（46%）、习题训练（46%）。

可以看出，新课程所倡导的课程生活化的主张已经为大多数老师所接受，在课堂观察过程中，我们也能真切地感受到生活意识在教学中的体现（主要是文科教学），透过学生的反应，也能感受到生活化教学所蕴含的思想的启迪、兴趣的激发。另一方面，作为新课程所倡导的自主学习和探究学习无论在问卷调查还是课堂观察中都没有得到很好的体现。在访谈中，教师们将此归因于课时不足、高考压力等因素。

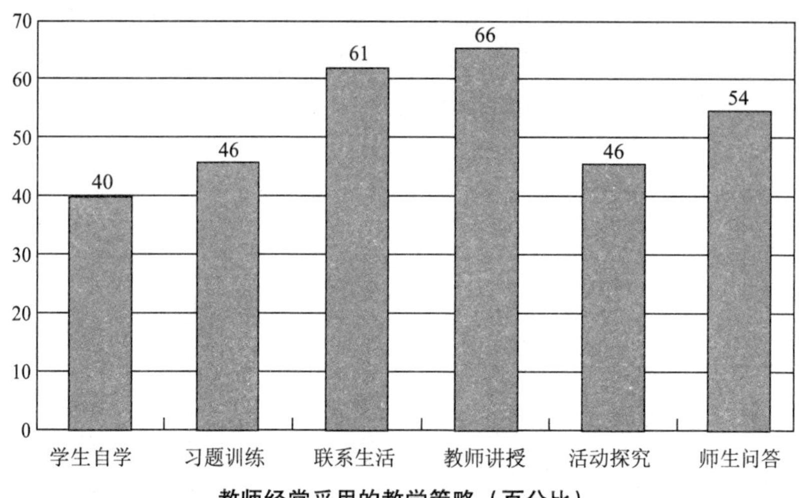

教师经常采用的教学策略（百分比）

（2）学生的视角与声音。

我们设计了多道题目来多侧面地了解学生对教与学的方式的理解。通过以下的分析，我们可以感受到，多数学生更希望在学习中发挥自主性，希望课堂能够留给学生自主学习、合作学习和探究学习的空间。

①学生喜欢的教学方式。

从统计中可以看出，学生最喜欢的学习方式是老师指点方法，学生先学后教，讲练结合。而对传统的教师讲学生听、教师问学生答的教学方式比较反感。

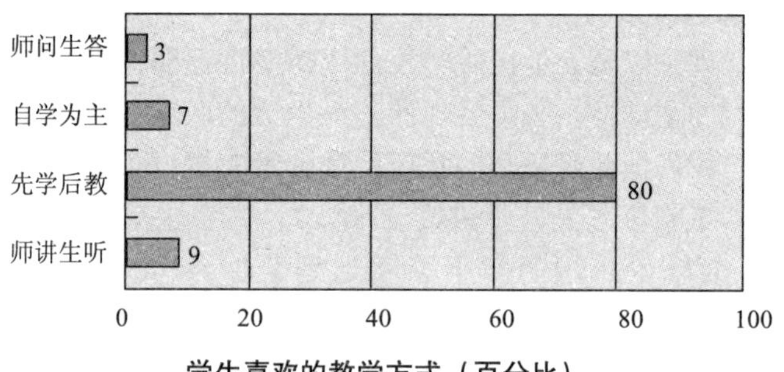

学生喜欢的教学方式（百分比）

②学生学习方式的选择。

80%的学生选择按照自己的方法来学习，只有少部分同学选择“老师教授的新方法”或“从同学那里学得的新方法”。这说明学生学习的自主意识很强。

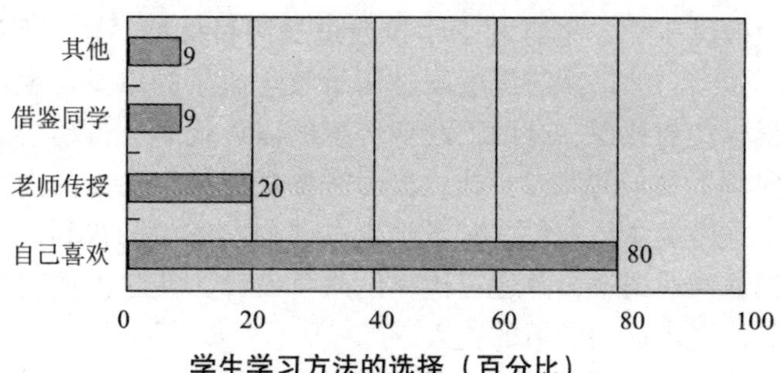

学生学习方法的选择（百分比）

③学生遇到课堂疑难时的解决策略。

从分析可以发现，多数学生在遇到课堂疑难时，希望与老师同学一起讨论（57%）或者在教师的引导下独立思考（49%）。这同样反映出学生渴望交流、渴望独立思考的意愿。

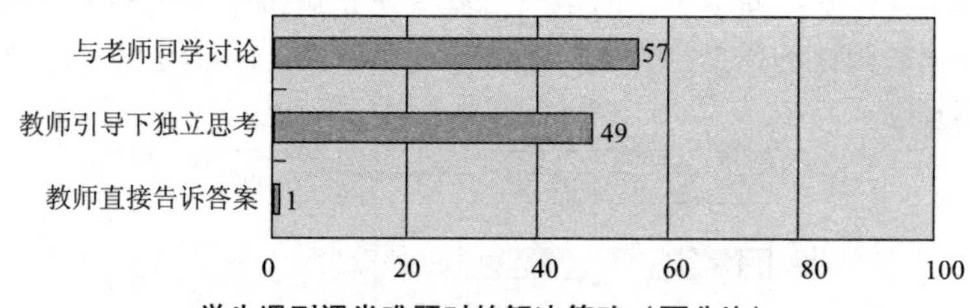

学生遇到课堂难题时的解决策略（百分比）

④学生对课堂自主学习的态度。

79%的学生对课堂自主学习表示“喜欢”或“比较喜欢”，只有12%的学生表示“不喜欢”。这反映出大部分学生有自主学习的意愿。

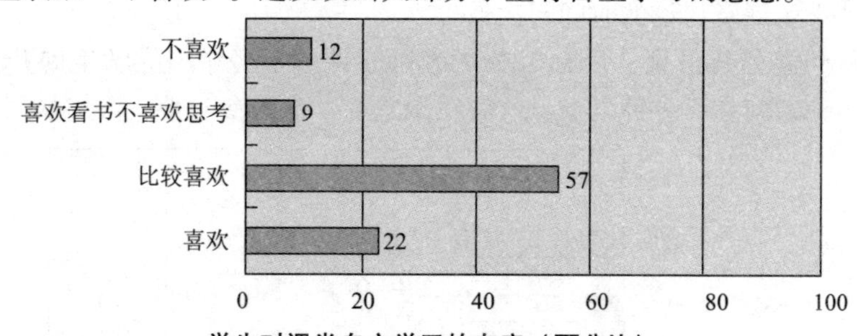

学生对课堂自主学习的态度（百分比）

5. 学生参与

学生参与在课程变革与学校改进中都具有十分重要的意义。就广义的学校改进而言，学生参与学校改进有利于保证学生基本权利的实现，有利于实现学校的民主化，也有利于学校改进最终目标的达成。① 而就课程变革而言，学生参与的广度与深度则是衡量教学质量的重要尺度。在课程实施中树立学生参与意识，有助于改变传统的以教代学、被动接受的教学习惯。要走向学生参与的课程实施，教师需要把握学生参与的内涵，认可学生在课程实施中的主体地位，赋予学生在课程实施中的权利，自觉建立沟通机制，畅通沟通渠道，并通过优化的教学设计，使学生拥有参与的愿望与能力，从而真正成为学习的主人。②

围绕学生参与的课题，我们从教师问卷与学生问卷两个视角进行了分析。

（1）教师的视角和声音。

①课堂提问主要关注的对象。

从教师问卷中，我们设计了“教师课堂提问主要关注对象”的问题，发现教师在课堂提问中关注的主要对象依次是后进生、优等生和中间生。这反映出教师试图借助“两头”来带动“中间”，借以实现“面向全体”的教学理念。

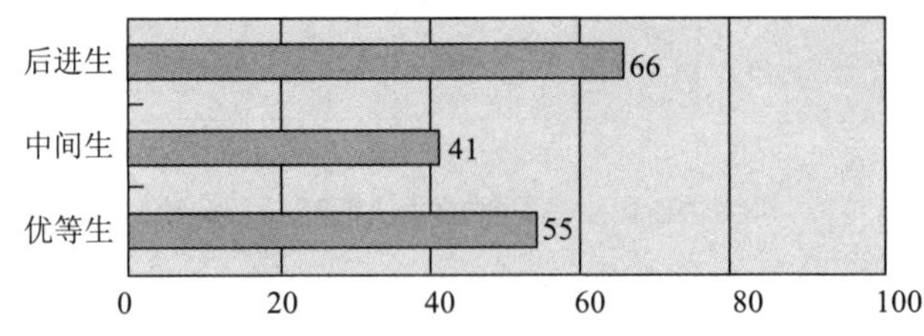

课堂提问主要关注对象（百分比）

②学生课堂讨论的时间与次数。

从问卷分析可见，只有32%的教师在课堂上经常引导学生展开讨论，并且讨论时间在5分钟以上。这说明课堂上学生的参与性还需加强。

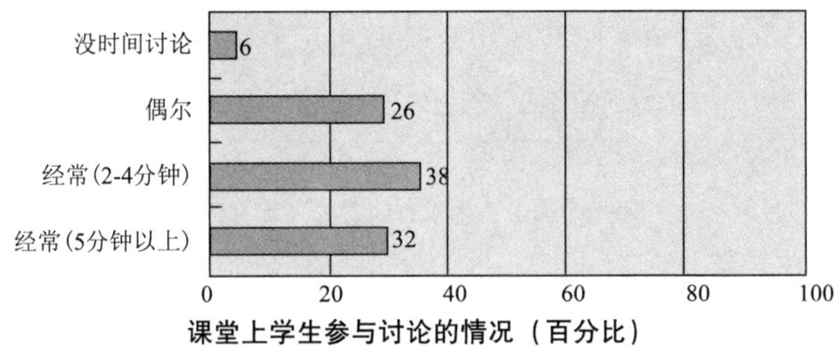

课堂上学生参与讨论的情况（百分比）

① 卢乃桂，张佳伟. 学校改进中的学生参与问题研究［J］. 教育发展研究，2007（8）.

② 郭宝仙. 走向学生参与的课程实施策略［J］. 教育理论与实践，2011（2）.

③教师对学生课堂质疑的态度。

与上面的调查相反，82%的教师表示喜欢学生在课堂上的质疑。由此可见，在学生参与问题上，教师存在着知与行的脱离，多数教师认识到学生参与的重要性，并且表示愿意接纳学生的质疑，但是在行动上却难以真正落实学生的深度参与。

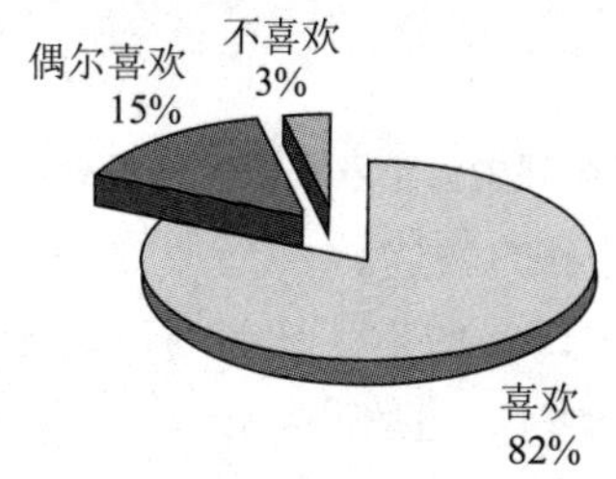

教师对学生课堂质疑的态度

（2）学生的视角和声音。

①教师教学是否面向全体。

81%的学生表示教师的教学能够照顾大多数学生，在大班额教学的背景下，能够获得多数学生的认同，这说明东莞中学的教学行为在面向全体方面做得比较扎实。但是在“注意分层教学”这一选项上，学生的认同度较低，这反映出教师们在面向全体的方式方法与策略方面还需要做深入的钻研。而大班额背景下的分层教学应该是教学改革的重要思路。

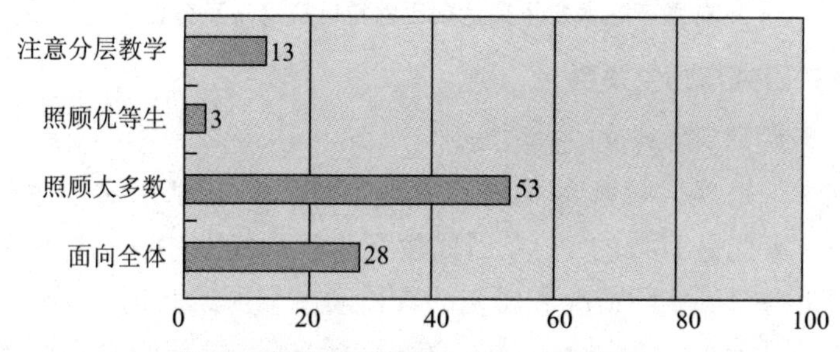

教师教学是否面向全体学生（百分比）

②学生课堂讨论与发言。

当问及“你在课堂讨论中经常发言吗?”这一问题时，53%的学生认为只是偶尔发言。这反映出课堂中教师留给学生讨论与交流的时间相对较少。在课堂观察中，我们也发现了这一推断。

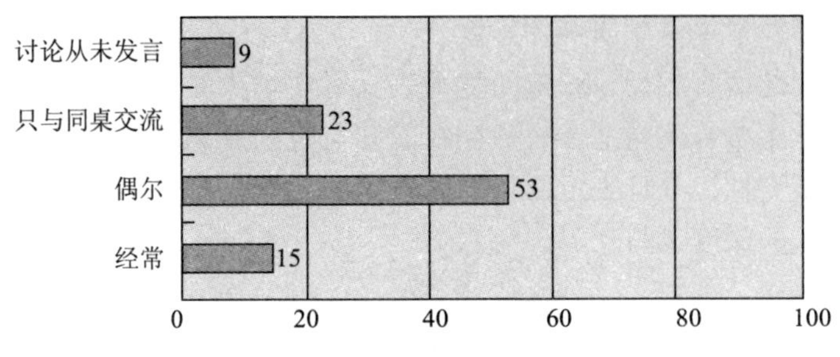

学生课堂讨论发言情况（百分比）

③课堂上学生独立见解的表达。

学生问卷显示，只有13%的学生认为自己敢于在课堂发表自己的独立见解，而且有较多的机会表达。这反映出学生的独立思考与独特见解还没有引起多数教师的重视。

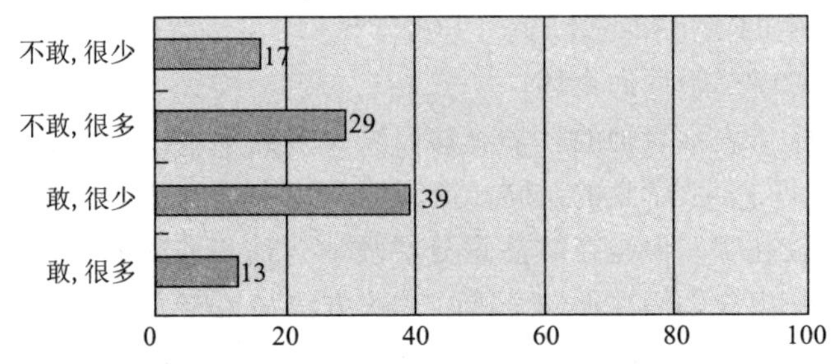

你敢于在课堂上表达自己独特见解吗（百分比）

6. 学生研究与师生关系

（1）教师研究学生的主要方式。

研究学生是现代教师最重要的专业素养。只有基于对学生的深入研究，教学才可能是有效的。[①] 在当代教育改革的实践中，一些研究者和中小学校根据自身的实际情况和研究的具体问题，探索和创生了许多颇具启发而又切实可行的学生研究方法，有效地促进了学校教育教学质量的提升。例如，江苏溧阳市文化小学探索的"学生经验课程的案例研究"将学生在课堂所"经验"的课程作为研究对象，极大地促进了学生研究的深入，提升了课堂教学的质量。[②]

在对东莞中学的问卷调查中，我们的调查发现，教师了解学生的主要

① 李希贵. 学生研究：唤醒校园里沉睡的数据［J］. 中小学管理，2008（5）.

② 苏瑜. 学生经验课程的案例研究［J］. 上海教育科研，2007（11）.

方式依次是课堂观察、批改作业和课堂提问。由于这些方式与教师的教学工作融为一体，因而容易为老师们所接受。而问卷法、访谈法等更严谨的研究方法，由于受到时间与精力的限制，还没有为多数教师所广泛采用。

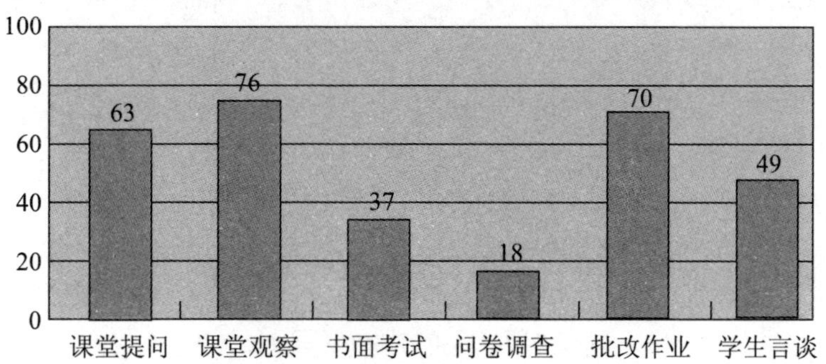

教师了解学生的主要方式（百分比）

（2）“我在教师心目中的地位”（学生问卷）。

师生关系是影响教与学效果的重要因素。而在师生关系的众多要素中，我们认为最重要的是教师对学生的暗含期待。学习心理学中的“罗森塔尔效应”揭示了教师期待对学生学习动机与学习效果的重要影响。学术界对教师期待的教育意义也做了大量的实证研究。例如，有学者在班级层面上，对优秀教师与普通教师的教育期待进行了对比研究，通过案例与数据的分析发现：在班级层面上优秀教师比普通教师对学生的期待值高；高期待的优秀教师在课堂里会通过提供积极的学习与情感环境来提高班级学生整体的学习成绩；高期待的教师对学生学习态度的感知度和学生学习态度之间成正比例关系。这些研究都说明，在班级层面，教师教育期待的高低对学生学业成绩具有重要的影响。①

为此，我们设计了一道开放题：“你最想对老师说的一句话”，经过统计，多数学生填写“老师，您辛苦了”，这说明东莞中学的师生关系比较融洽。同时，我们还设计了一道封闭题：“我在老师心目中的地位”的问题。调查结果显示，59%的学生认为不清楚自己在教师心目中的地位。这说明师生关系还有进一步提升的空间。

① 孔云．教师期待与学生学业成绩：基于班级层面的研究［J］．全球教育展望，2011（5）．

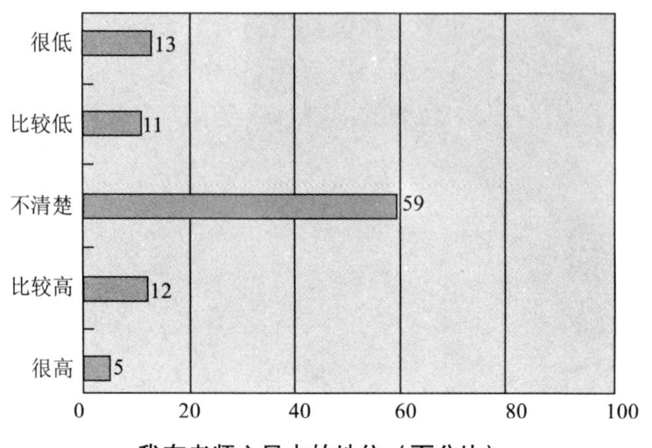

我在老师心目中的地位（百分比）

7. 学校教研

（1）教师对学校教研活动的评价。

从统计结果看，表示满意的仅有 9%，表示比较满意的为 41%。总体来看，学校现有的教研活动及其制度安排尚不能满足教师们的需要，还有很大的改进空间。

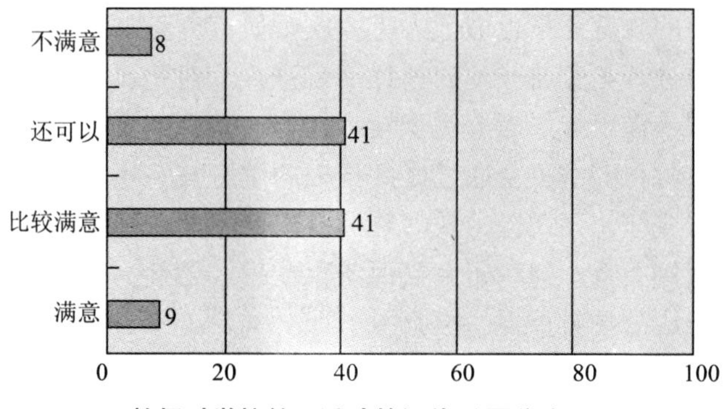

教师对学校教研活动的评价（百分比）

（2）教师最喜欢的教研形式。

关于教师最喜欢的教研形式，在给定的四个选项中，认同度最高的是集体备课（42%），其次是课例研究（35%）；认同度最低的是课题研究（25%）。在访谈中，教师们表达了同样的观点，认为课题研究与教学实际脱离，“教学工作中碰到的问题不容易立项，而立项的课题又不是教学中感觉最真实的问题”。

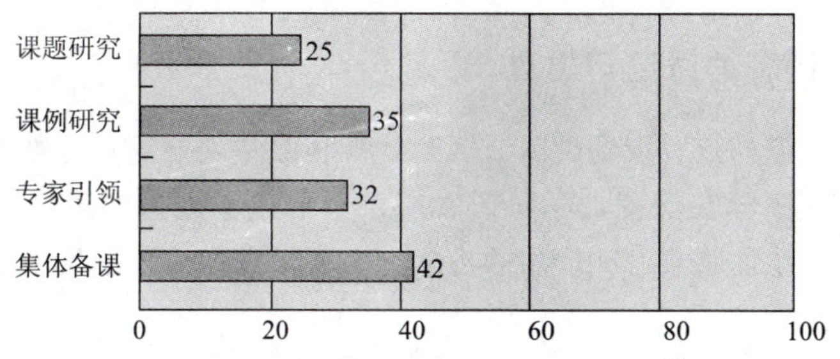

教师最喜欢的教研形式（百分比）

（3）教师解决教育教学问题的方式方法。

面对工作中的问题与困惑，72% 的教师选择求助网络，62% 的教师选择求助同事或集体研讨。这说明教师面对困惑或疑难时，渴望与外界（包括同事和网络）进行交流，以开阔视野，启发灵感。

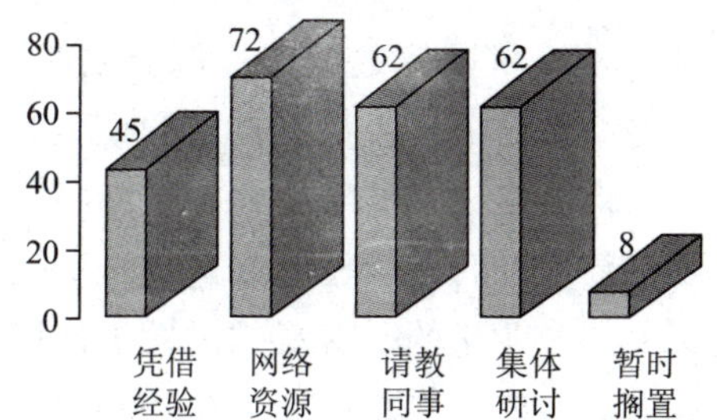

面对工作中的问题与困惑，教师的解决方式（百分比）

（4）课程开发过程中教师的同伴互助。

在校本课程开发过程中，当遇到问题或困惑时，教师相互研讨解决问题的情况如下。从图中可见，过半数的教师在课程开发过程中经常与同事进行协商和研讨。

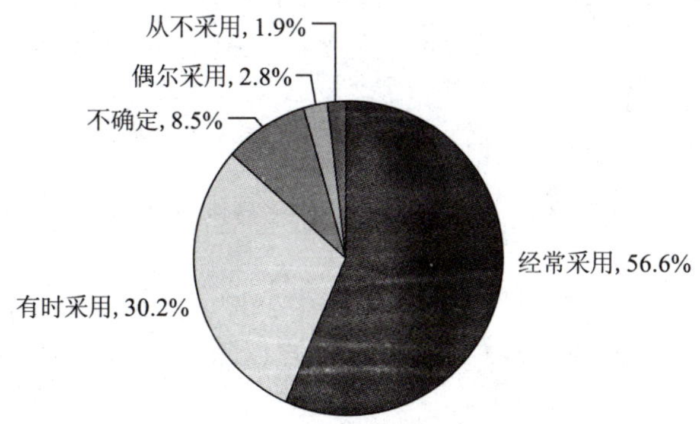

课程开发过程中教师的同伴互助

四、调查的讨论与建议

综合问卷调查、现场访谈、档案分析和课堂观察等多方面的数据，我们认为东莞中学在课程教学科研领域已经形成了先进的理念和显著的特色，但同时也面临着一些严峻的挑战，需要学校在未来的发展进程中认真地思考与探索。

1. 理念与特色

（1）信息化的资源平台。

在信息时代，学校变革的重要方向是建设学习型组织，而构建开放、多元、高水平的信息平台则是学习型组织的重要保障。

档案分析发现，东莞中学十分重视网站资源库的建设，校园网内容十分丰富，学校购买了中学学科网等数据库资源，以便于教师的教学参考。每个科组都有自己的网站，每个班级都有自己的主页，校园网中还有不少教师的原创资源。未来社会是一个网络化社会，网络数据库正在成为现代人研究与思考的主要工具。今后，学校应该进一步加大数据库的经费投入力度，有意识地购买一些专业化的、有影响的数据库资源。有些学校担心数据库资源使用率低，其实应该将数据库视为一种隐性课程、一种学校文化元素。丰富的数据库资源最能激发教师与学生的研究意识，最有利于营建研究型的学校文化。

在未来，学校信息平台的建设还应该从封闭走向开放，通过信息技术的运用，增进学校、家庭、社区教育的相互联系、相互补充、相互促进，构筑家庭、学校、社区三位一体的数字化教育社区（Digital Education Community，简称 DEC）。通过开放的信息平台，提供共享性信息资源，构造开放的终身学习体系。①

（2）人性化的教学管理。

从管理学的视角看，教学管理研究正从传统的刚性管理走向柔性管理、人本管理。

在与学校行政和教师们访谈的过程中，许多受访者提及学校管理的人性化理念，并深深以此自豪。例如，教师 Q 将莞中与中山纪念中学比较，

---

① 李克东，谢幼如．构筑数字化教育社区的理论与实践研究［J］．电化教育研究，2003（3）．

认为“纪中不宽松、抓得严”，而莞中“环境宽松，奖励时注重团队的权重，教师有归属感”。

（3）先进性的教学理念。

在与学校行政访谈的过程中，我们感觉到学校领导层已经形成了比较先进的办学理念。虽然这些理念还没有在学校实际的运作层面得到充分的落实，但如果没有理念的引领，学校的深入改革几乎是不可能的。

“不要培养学生的依赖感”学校行政Q老师如是说：“认同学生自主的新课程理念。实施起来开始效率很低，花时多，但到了高二、高三效率就上来了。否则总是觉得讲不完，于是满堂灌，后劲不足。……把学生的依赖性培养起来不好，在考试的某些阶段可能不如别人，但高考肯定强。”

“让学生有成功感”学校行政Z老师如是说：“高一是适应期，所以要放慢节奏，让学生有成功感，有兴趣。高一的命题不要太难，要保证平均分达到70~75分，不要太低，否则会让学生产生失败感……不要把高考题给高一学生做，一些老师刚从高三下来时会把高三思维带到高一。”

“课堂尚有提升空间”学校行政Q老师如是说：“科组在分析考试不利的原因时，归因于课后辅导不够，而没有指向课内的高效……教学改革需要做‘减法’。”

（4）科研型的教师发展。

学校对教育科研给予了高度重视。在机构方面，学校成立了教科室，负责全校的教科研工作。在教师的访谈中，虽然许多教师对现有的教科研现状并不满意，但是教师们谈论最多的首先是学校科研问题。这足以说明学校已经认识到科研工作对学校发展的重要性。

2. 问题与挑战

（1）功利的学生成长。

在应试教育的影响下，学生过早地被卷进分数至上的功利主义泥潭中。从孩提时代开始，儿童就被知识的海洋所包围，被一次次的考试所强化，童年对许多孩子来说可能是苍白的，而儿童与生俱来的好奇心与求知欲也可能在后天的考试强化中被不断抹去。对于那些在九年义务教育阶段甚至更早时期即接受应试熏染与灌输教育的孩子，如何在短短的三年高中阶段让他们转变学习方式，这是高中教育必须面对的一道难题。

在访谈中，我们也听到了教师们的反映。例如，数学科组的一位教师如是叙说：“知识理解和解题训练的关系难把握。没有解题训练成绩上不去，没有知识理解则缺乏后劲，到了高三就后劲不足。这个度很难把握。初中的时候就反复练习，学生喜欢做题，不喜欢听课，对知识本身没有兴趣。教师把知识分析得很透彻，但学生不感兴趣。可是没有知识的理解，考试时题目一灵活学生就不会……学生从小学开始已经把学习兴趣扼杀了……现在数学作业如不收上来看，成绩就会下滑。而学生辅导投入时间太多，对教学就没有激情了。”

（2）课改的教学适应。

十年来的新课程改革已经彻底改变了学校课程的面貌，高中各科的课程理念、教材设计与教学安排都有了相当的改观。应该说课改对教师传统的教学理念与教学行为都提出了比较尖锐的挑战，对于身处高考边缘的高中教师更是带来了不小的冲击。十年的课改，理论争鸣还在继续，而身处一线的教师则仍在探索、思考与适应。这里边既有课程设计本身不完善的地方，也有教师观念与认识方面的滞后。尤其对高中教师而言，对新课程的适应将是一个长期的过程。

在访谈中我们发现文科教师对新课程基本持肯定态度，而理科特别是实验性学科如物理、化学等学科则持有不同看法。如一位物理教师如是说：“把握知识结构很重要，而现有教材重探究，而不是结构，探究式教材不好教……教材是想让学生体验科学家探究物理的过程，但是科学家的探究花了很长时间。学生感觉书上什么都没有。只能凭教师在课堂上的讲授，学生不看教材。”在这位物理老师的心目中，探究意味着效率低下。化学科组的教师也有相似的感受，一位化学教师说，由于新课程削减了化学课的课时而教学内容与难度未下降，给化学教学带来了挑战，最后的处理方式只能是“实验省掉，探究省略，习题不讲”，“学生有问题必须主动问”，“一学期不超过4节复习课”。

新课程带来了教师观念上的冲击，而高考制度则使教师对新课程更感迷茫。我们在课堂观察与教师访谈中发现，新课程的逻辑不同于高考的逻辑，新课程试图向美国学习，通过降低课程的难度，增加学生课堂动手、思考、交流与探究的空间；而高考则重在选拔，注重知识难度，因此高中课堂教学大多存在内容“扩展”的倾向。

（3）教师信念的转型。

教师信念是指教师对有关教与学现象的某种理论、观点和见解的判断。教师的教学信念对于教学行为的改变具有决定性影响。例如，关于教学过程的认识，当一个教师把教学过程看作是知识授受过程时，他可能更多地关注知识的掌握；而当教师把教学过程看作是促进学生发展的过程时，他就会比较重视学生能力的培养；如果有教师把教学过程视作对话交流的过程，他可能会从对话教学的高度，重新审视教学行为的改变。由此可见，教学信念对教师教学行为之深刻影响。近20年来，西方教育界对教师的教学信念展开了深入的研究，中国的研究也正在起步。①

在访谈过程中，关于教师们所持有的教学信念，我们听到的不是一元的、一致的声音，而是多元、异质的观点。包括学校行政与教师认识的差异，不同科组、不同职称与不同年龄教师的认识差异，等等。这些认识的差异告诉我们，教师教学信念的转型不是一蹴而就的，而是一个长期和渐进的过程。学校的变革必须关注教师信念的转型，通过创设交流与研讨的平台，促进教师直面自己内隐的教学观念，在观念反省中检视行动，在行动检视中提升质量。

3. 初步的建议

（1）教师专业实践共同体。

晚近以来的研究证明，教师的成长不是单打独斗式、个体式的成长，而是在与同伴群体的交往交流中积极地自我建构。教师专业实践共同体，就是教师根据研究问题的需要，自行组织与自愿结合的非正式组织。共同体提供了教师发展与教学改革的动力源泉，在共同体中教师获得了思维的启发、情感的激励与精神的归属，这些都可以使教师超越传统的物质激励，而谋求更高层次的自我实现。②

在调查与访谈过程中，都可以看到教师们对合作研讨、集体备课、同伴交流的认同，这些其实正反映了教师对实践共同体的期待。而一些优秀科组之所以优秀，也得益于他们所构建的活跃的专业实践共同体（例如，学校信息科组）。

（2）“我”是学习的主人。

学生是学习的主体，这是多数教师所认可的观念，但是在教学实践中，这个主体却大多是虚设的、空置的或者受限的。现代建构主义学习理论告诉我们，学生只有在主动探究与合作交流中，才能获得真实的意义建构。中国一些示范性学校的成功改革也证明了这一点，例如洋思和东庐的

① 俞国良，辛自强．教师信念及其对教师培养的意义［J］．教育研究，2000（5）．

② 宋萑．课程改革、教师发展与教师专业学习共同体——上海地区四所小学的个案研究．第六次全国课程学术研讨会论文（2008）．

经验之核心，就是先学后教，学生会的就不要讲，学生懂的就不要教。把学生主体真正落到实处，这是两所学校成功的主要秘诀。

我们的问卷调查也显示，多数学生渴望在课堂中有自主思考、主动提问与合作交流的机会。而东莞中学在学校领导层面对此也已经有了清晰的认识，目前最需要的是思考如何落实与贯彻。

（3）在减负中增效。

从目前的调查来看，许多教师习惯于做“加法”，教师在课外辅导方面投入了极大的精力。例如，多数教师每周都需要上 1 ~2 次晚修。正如访谈中教师们所说，过多的时间投入、繁重的教学任务只会使教师产生职业倦怠，也会助长学生的依赖感。可以说加法式思维最终损害的还是教师与学生的可持续发展。

许多学校担心减负会带来成绩的下滑，然而无论从理论上还是从实践上，我们都尚未看到典型的反面案例。更多的案例是正面的。例如，北京八中，从 90 年代开始就坚决贯彻减负的思想，至今仍保持着卓越的高考成绩。我们认为，东莞中学作为一所示范性高中，应该在减负的路途中率先探索，同时通过积极的教学改革，引导学校挖掘潜力，促进学校内涵式发展。

（4）让研究变成一种快乐。

在访谈中，教师们表达了对现有研究的不满。例如，“课题研究形式化，研究重论文轻教学”，“课题没有选择的权力，教师们只能在给定的课题里选择”，“怎么样让课题对教学有效果”，“现在学校的科研很难搞”，等等。

事实上，教师们的困惑也正是学术界争论的一个焦点问题。目前学术界已经形成的共识是：教师的研究与理论工作者的研究具有很大的不同。而传统的研究观则混淆了二者的重大区别，并且有意无意地用专家的研究标准来衡量教师的研究活动，致使教师的教育研究失去了活力，研究变成教师望而生畏的话题。

具体而言，专家的研究主要是揭示规律，而教师的研究则在于解决自身面临的现实问题。而且理论研究的话语主要是抽象概念，而教师研究的成果则更加多元化、个性化，例如，教学课例、教育叙事，等等。其实都是教师真实的研究成果。只有转变传统的研究观，让研究更加适合教师工作实际，更加适应教师知识的特点（教师知识主要是实践性知识），这样的研究才能让教师体味到研究的乐趣。

作为一所示范性高中，东莞中学应该在教师研究观的重建与教师研究类型的探索上形成自己的思考，为教师教育研究的探索贡献自己的智慧。

【附录一】

拓展学习资料

（1）曾荣光. 从教育质量到质量教育的议论——香港特区的经验与教训. 北京大学教育评论，2006（1）.

（2）沈伟，卢乃桂. 问责背景下的教育质量：何为与为何. 全球教育展望，2011（2）.

（3）李希贵. 学校发展的自我诊断评估. 中国教育学刊，2010（11）.

（4）楚江亭. 学校发展规划：内涵、特征及模式转变. 教育研究，2008（2）.

（5）温恒福. 学校效能的基本理论问题探究. 教育研究，2007（2）.

（6）孙素英. 学校改进视角的考察与思考. 中国教育学刊，2007（12）.

（7）崔允漷. 有效教学的理念与框架. 中小学教材教学，2005（2）.

（8）卢尚建. 我国有效教学研究十年：回顾与反思. 西北师大学报（社会科学版），2009（9）.

（9）钟启泉. 教学研究的转型及其课题. 教育研究，2008（1）.

（10）尹弘飙，李子建. 论学生参与课程实施及其研究. 课程・教材・教法.

（11）钟启泉. “课堂互动”研究：意蕴与课题. 教育研究，2010（10）.

（12）俞国良，辛自强. 教师信念及其对教师培养的意义. 教育研究，2000（5）.

（13）褚宏启. 研究学生：学校发展的基石. 中小学管理，2008（5）.

（14）李子建，宋萑. 专业学习共同体与课程发展. 课程・教材・教法，2006（12）.

（15）郑金洲. 学校教育科研中存在的八大问题. 人民教育，2007（6）.

（16）郑金洲. 教师研究的性质. 上海教育科研，2010（10）.

【附录二】

学校课程教学科研情况调查问卷

尊敬的老师：

您好！

我们受学校委托，正着手编制东莞中学未来的发展规划。为使规划的编制科学可行，我们特设计了此份问卷，以调研东莞中学课程与教学改革的现状。该问卷仅用于科研调查，不会涉及您的隐私，恳请您能够认真、如实地填写！您不必署名。十分感谢您的支持。

谢谢！

一、基本情况（请在符合您的情况的选项前面□内画“√”）

1. 您的学历：□ 大专　□ 本科　□ 研究生

2. 您的年龄：________　您的性别：________

3. 您的职称：□ 中教三　□ 中教二　□ 中教一　□ 中教高级
□ 中教特级

4. 您的职务：□ 专任教师　□ 教研组长　□ 校中层干部
□ 校长或校级领导

二、选择题

1. 您认为薪资水平对您工作态度的影响程度是（　　）

A. 有重要影响　B. 有一定影响　C. 不确定
D. 没有太大影响　E. 没有影响

2. 您认为目前最需要提升的教师素养是什么？请对以下五个项目逐一进行评价，并打“√”

	A 非常重要	B 重要	C 不确定	D 不重要	E 非常不重要
所教学科的专业知识					
教育理念					
科研方法					
综合知识					
教学与管理策略					

3. 以下 10 个项目您是否把它看作“课程资源”？请对每个选项逐一进行评价，并打“√”

	A 同意	B 比较同意	C 不确定	D 不太同意	E 不同意
教材和教辅					
学生个性差异					
博物馆、科技馆					
乡土资源					
课堂突发事件					

续表

	A 同意	B 比较同意	C 不确定	D 不太同意	E 不同意
网络资源					
师生关系					
教学场地与设施					
班级文化					
学生的经验与阅历					

4. 关于课程资源开发的价值与意义，以下 6 个选项请您逐一进行评价，并打“√”

	A 同意	B 比较同意	C 不确定	D 不太同意	E 不同意
有利于学生知识的掌握					
有利于转变教师的教学方式					
有利于转变学生的学习方式					
有利于促进学生全面发展					
有利于提高教学质量					
有利于促进教师自身的专业发展					

5. 您认为目前亟待开发的课程资源是什么？以下 7 个选项请您逐一进行评价，并打“√”

	A 同意	B 比较同意	C 不确定	D 不太同意	E 不同意
与学科有关的历史与文化资源（如化学家逸事等）					
校外教育资源（如社区资源等）					
日常生活资源（如生活中的数学、身边的历史等）					
学生资源（如学生的兴趣、个性特长等）					

续表

	A 同意	B 比较同意	C 不确定	D 不太同意	E 不同意
学具、学案或学习辅导材料					
教学课件					
实践活动资源（如社会实践等）					

6. 关于校本课程开发的价值与意义，以下 5 个选项请您逐一进行评价，并打“√”

	A 非常重要	B 重要	C 不确定	D 不太重要	E 不重要
能够促进教师的专业发展					
能够深化学生对学科知识的理解					
能够发展学生个性特长					
能够提高学校知名度					
能够形成办学特色					

7. 您认为校本课程的开发主体应该是谁？以下 4 个选项请您逐一进行评价，并打“√”

	A 同意	B 比较同意	C 不确定	D 不太同意	E 不同意
由教研组或年级组开发					
教师自主开发					
学校指定专门人员开发					
专家学者开发					

8. 您在校本课程开发过程中面临问题与困惑时，最常用的解决策略是什么？以下 4 个选项请您逐一进行评价，并打“√”

	A 经常采用	B 有时采用	C 不确定	D 偶尔采用	E 从不采用
查阅相关资料自主解决					
教师相互研讨解决					
向专家咨询解决					
借鉴其他学校的做法解决					

9. 在教学过程中，您认为哪些教学目标非常重要？以下5个选项请您逐一进行评价，并打“√”

	A 非常重要	B 重要	C 不确定	D 不太重要	E 不重要
知识与技能的掌握					
学科能力（如阅读能力、计算能力等）的提高					
学生自主学习能力的培养					
学生思维方法的训练					
学生学习兴趣的培养					

10. 您常使用的教学策略有哪些？以下6个选项请您逐一进行评价，并打“√”

	A 经常采用	B 有时采用	C 不确定	D 偶尔采用	E 从不采用
学生自学、教师点拨					
设计习题，强化训练					
联系生活，创设情境					
教师讲解，学生倾听					
开展活动，鼓励探究					
教师提问，学生回答					

11. 您在课堂提问时主要关注对象是哪些学生？以下3个选项请您逐一进行评价，并打“√”

	A 经常关注	B 有时关注	C 不确定	D 偶尔关注	E 从不关注
优等生					
中间生					
后进生					

12. 在教学工作中，您了解学生的主要方式有哪些？以下6个选项请您逐一进行评价，并打“√”

	A 经常采用	B 有时采用	C 不确定	D 偶尔采用	E 从不采用
课堂提问					

	A 经常采用	B 有时采用	C 不确定	D 偶尔采用	E 从不采用
课堂观察					
书面考试					
问卷调查					
批改作业					
学生访谈					

13. 您最喜欢的教研形式有哪些？以下 4 个选项请您逐一进行评价，并打“√”

	A 非常喜欢	B 比较喜欢	C 不确定	D 不太喜欢	E 不喜欢
教研组集体备课					
与校内外专家教师共同讨论					
课例研究					
课题研究					

14. 面对工作中的问题和困惑，您解决问题的方式一般是怎样的？以下 5 个选项请您逐一进行评价，并打“√”

	A 经常采用	B 有时采用	C 不确定	D 偶尔采用	E 从不采用
凭借过去的经验					
在网上查阅相关资料					
虚心向同事请教					
和同事一起集体研讨					
暂时搁置，没有时间思考					

15. 您对学校教研活动的评价是（　　）

A. 满意　　B. 比较满意　　C. 还可以　　D. 不满意

16. 您认为工资收入对教师工作积极性的重要程度是（　　）

A. 不重要　　B. 不太重要　　C. 不确定　　D. 比较重要

E. 非常重要

17. 您在课堂上经常让学生开展讨论吗？一般每节课讨论多长时间？

(　　)

A. 经常；5 分钟以上　　B. 经常；2 ~4 分钟

C. 偶尔；1 ~2 分钟　　D. 不讨论，没时间

18. 您喜欢学生在课堂上提出质疑吗？(　　)

A. 喜欢　　B. 偶尔喜欢

C. 不[illegible]，担心影响进度　　D. 不喜欢，担心难以答疑

19. [illegible]开发和利用课程资源（　　）

A. [illegible]必要　　B. 有一定必要

C. 可有可无　　D. 没有必要

三、开放题

[illegible]认为学校在课程与教学改革中面临的突出问题是什么？

[illegible]】

学校课程教学科研情况访谈提纲

[illegible]分管教学的副校长

[illegible]60 ~90 分钟

[illegible]纲：

([illegible]) 请谈谈您对自身工作岗位的认识？

(2) 您对学校现行课程的总体评价如何？

[illegible]介绍近 3 年来学校课程改革的主要思路。

[illegible]认为学校课程改革中面临的主要问题是什么？

[illegible]学校校本课程的开发如何评价？

(6) 请介绍学校选修课的设置情况。

(7) 您对学校教学质量的总体评价如何？

(8) 您认为学校在提升教学质量方面有哪些成功经验？

(9) 您认为学校教学改革面临的突出问题与困惑是什么？

(10) 您对未来的学校教学改革有怎样的期望？

(11) 您对学校现行的教学管理制度满意吗？

(12) 您觉得目前学校的发展主要依赖于教师个人的专业能力，还是来自于教师间的紧密合作？

(13) 您觉得目前学校的发展主要依赖于学校成员在时间与精力上的

投入，还是来自于他们在教育教学过程中的研究与智慧？

访谈之二

访谈对象：教导处主任及相关管理人员

访谈时间：60～90 分钟

访谈提纲：

（1）您觉得教导处的功能定位应该是什么？

（2）您对学校现行课程的总体评价如何？

（3）您认为学校课程改革中面临的主要问题是什么？

（4）您对学校校本课程的开发如何评价？

（5）您对学校选修课的设置情况如何评价？

（6）您对学校教学质量的总体评价如何？

（7）您认为学校在提升教学质量方面有哪些成功经验？

（8）您认为学校教学改革面临的突出问题与困惑是什么？

（9）您对未来的学校教学改革有怎样的期望？

（10）您对学校现行的教学管理制度满意吗？

（11）您觉得目前学校的发展主要依赖于教师个人的专业能力，还是来自于教师间的紧密合作？

（12）您觉得目前学校的发展主要依赖于学校成员在时间与精力上的投入，还是来自于他们在教育教学过程中的研究与智慧？

访谈之三

访谈对象：教师代表（各学科选派 1～2 名代表，15 人以内）

访谈时间：60～90 分钟

访谈提纲：

（1）您如何看待自己的工作？

（2）您觉得莞中的学生有什么特点？

（3）您对学校现行课程的总体评价如何？

（4）您认为学校课程改革中面临的主要问题是什么？

（5）您对学校校本课程的开发如何评价？

（6）您对学校选修课的设置情况如何评价？

（7）您对学校教学质量的总体评价如何？

（8）您认为学校在提升教学质量方面有哪些成功经验？

（9）您认为学校教学改革面临的突出问题与困惑是什么？

（10）您对未来的学校教学改革有怎样的期望？

（11）您对学校现行的教学管理制度满意吗？

（12）您觉得目前学校的发展主要依赖于教师个人的专业能力，还是来自于教师间的紧密合作？

（13）您觉得目前学校的发展主要依赖于学校成员在时间与精力上的投入，还是来自于他们在教育教学过程中的研究与智慧？

（14）您如何看待教师的科研工作？

访谈之四

访谈对象：教科室主任及相关成员

访谈时间：60 分钟

访谈提纲：

（1）您觉得教科室的功能定位应该是什么？

（2）您如何看待教研和科研的关系？

（3）请介绍近 3 年来学校科研工作的基本思路。

（4）请介绍近 3 年来学校科研工作的主要做法和主要成绩。

（5）近 3 年来学校主要开展了哪些课题研究？

（6）您认为近 5 年来学校取得了哪些有价值的研究成果？

（7）您认为学校科研工作面临的主要问题是什么？

（8）您认为学校的教研组是否发挥了教科研的功能？

希望学校提供的档案材料及教学观摩

（1）学校课程设置的相关材料。

（2）近 3 年学校年度教学工作计划。

（3）近 3 年学校年度教学工作总结。

（4）观摩 1 节教学公开课（限文科）。

（5）近 3 年教科室工作总结。

（6）典型教师科研成果。

第三节　东莞中学德育工作情况调研报告

东莞中学在办学的过程中，具有明确的教育目标，能够在现代教育理念的指导下全面推进素质教育。东莞中学得到社会的充分肯定与支持，拥有地区最好的生源，具有良好的学校管理举措，是一所历史悠久、注意全面发展的学校。

本调查报告以校本评估的理念为指导，以学校发展为审视角度，对东莞中学德育工作进行初步的分析。

一、调查的内容与方法

1. 主题释义——调查什么

德育工作是学校教育工作的重要构成部分。关于德育工作的理解，学术界与实践界有着不同的阐述，本文将之归纳为传统解释与现代解释。在传统的德育理论和实践中，一般指学校有意识促进学生养成政治素质、思想素质和道德素质的活动①，这些活动一般由学校有意识地通过班主任工作、学校校园文化（宣传栏）、团队活动、班会活动、课堂教学加以完成。现代的德育理论认为：学校德育是利用学校、社会中影响学生成长的所有因素，促进受教育者形成适应与促进社会发展的社会性素质的过程，目的在于帮助受教育者在未来社会生活中能够得到更和谐的发展。② 社会性素质不仅指前述的政治素质、思想素质和道德素质，还融合了性格特征、现代社会意识、现代社会交往能力和生存能力、思维方式和行为习惯等要素。总之，凡在社会生活中所需要的有助于促进人社会化过程的个性特质和价值理念都属于学校德育工作所指向的内容。现代德育工作的这一特点，要求学校德育工作是开放式的、生活化的和活动性的，具体指：学校德育工作不仅面向校内还应充分利用校外社会资源；学校内，德育工作不仅指学校或政府文件里的规定性活动，还指学校文化（这里特指学校文化中的价值理念）、学校规章制度、学校校园设施设备、学校管理风格、学生行为、家长的影响，等等。

鉴于东莞中学的办学特点与发展趋势，本报告力图从现代德育理论的角度审视东莞中学的德育工作。

学校德育工作是由学校最高管理机构统筹安排下的管理过程，因此，对东莞中学德育工作的分析，可从两个层面上进行：一是对德育管理思路的分析——主要探讨德育管理的科学性与合理性，这里主要通过对“十一五”规划的分析来实现；二是对德育实施结果的分析——主要考察现实工作的有效性。

---

① 王道俊等．教育学［M］．北京：人民教育出版社，1989.

② 班华．现代德育论［M］．合肥：安徽人民出版社，2005.

基于以上表述，本调查主要从如下角度切入：德育管理情况、制度建设与落实情况、班主任素质及其培训情况、学校德育资源利用、学生思想品德状态、德育校本课程开发与实施情况、学校文化的德育影响。

2. 过程与方法——如何调查

学校德育工作既体现为学校常规活动的实施，又体现为学校历史文化传承的影响，还体现在师生的行为举止和精神面貌上，甚至体现在学校各种正式与非正式的活动与人际交往中。因此，本调查主要采用质化研究与量化研究相结合的方式，力图对东莞中学德育工作进行立体式的勾勒。

（1）文献法。

研究首先建立在对东莞中学的文件分析上。可分为如下几类：

①作为学校管理与规划类的文件：《东莞办学思想》、《东莞中学章程》、《东莞“十一五”办学规划》、《东莞中学申报国家示范性普通高中自评报告》、《东莞中学教职工手册》、《东莞中学校园活动指南》、《东莞中学学生手册》。

②反映学校德育工作成绩：《国旗下的演讲》（2006～2008年度）、《东莞中学青少年访日艺术交流团总结材料》。

③反映班主任工作状态和培训成果的：《东莞中学班主任工作经验汇编》、《学习魏书生“班主任工作漫谈”优秀征文选》。

④综合反映学校德育工作情况的东莞中学校园网（http://www.dgzx.net/main/index.php）。

（2）问卷法。

通过《班主任胜任力调查量表》和《班主任专业成长途径调查量表》进行调查，主要分析东莞中学的班主任专业素质，以及东莞中学提供的班主任专业成长平台的现实状况。发出问卷210份，全部为有效问卷。

（3）访谈法。

根据访谈提纲，访谈了校级领导、中层干部、部分教师和部分学生、学生家长。具体情况如下：

现场访谈共访谈6次，访谈对象与访谈时间如下：

编码	访谈对象	访谈时间
访谈1	校长	60分钟
访谈2	分管德育的副校长、政教处主任、级长、团委书记	60分钟

续表

编码	访谈对象	访谈时间
访谈 3	班主任代表（15 人）	60 分钟
访谈 4	学生代表（各年级，各类水平，共 20 人）	60 分钟
访谈 5	学生家长（8 人）	120 分钟
访谈 6	宿管人员（3 人）	30 分钟

（4）观察法。

本调查还对课堂教学进行了观察，共听学科课程四节，班会课两节，观看晨会和升旗仪式。在约两天时间里与学生进行了非正式交流，并对学生精神面貌、行为举止进行了观察。本调查还对学校的周边环境、教室、学生活动场地、宿舍、饭堂进行了考察。

二、调查结果与分析

本报告拟从学校现行的德育工作现状入手，与“十一五”规划中的要求进行比照分析。报告主要抓住学校德育工作的关键点进行针对性的分析。主要从如下方面进行：德育目标及其实施体系；学校德育的几项关键性工作，如德育管理、德育队伍建设、学生德育工作、学校文化的德育影响。①

1. 关于东莞中学德育目标及其实施的分析

（1）“十一五”规划中关于德育目标问题的分析。

东莞中学的“十一五”规划，对学校德育工作进行了全面的、深入的、可行的规划，体现了现代教育理念，具有较强的可操作性。这一规划具有如下的一些特点：

①理念先进，从根本上把握了现代教育发展的脉搏。

规划所确立的德育目标及其实施策略，既注意学生未来的、全面的社会性素质的培育，又注意根据学生特点实施一系列有效的教育措施与管理策略。其中一些亮点尤其值得肯定。例如，将教师的道德育成与发展纳入学校德育工作中，使师生在共同活动中互动成长，这一思路体现了最先进

① 学校文化对德育的影响，主要通过学校校园设施设备、学校管理风格、各种活动、师生行为及学校所有人员的价值判断与态度来实现。

的教育理念。又例如，规划非常重视德育工作的实效性，特别强调培育学生社会性素质，这些都体现了制定者对学校德育本质的理解，等等。

②为实现规划而制定的实施策略合理到位，具有较强的可操作性。

为了实现学校既定的德育目标，规划列举了一系列非常详尽、全面的实施方案，虽然有部分还没完全实现，但从理论上为实现德育目标提供了较为清晰的工作思路。这样的规划既为学校工作确立了明确的方向，也利于学校在管理上统领全局，能够既全面把握全局，又利于对每项工作做深入、细致的监控与指导。

如果说这一工作实施方案还有不足的话，那就是方案是尽善尽美的，但部分方案并没有完全实施，原因可能是制定者对学校现实教育环境与工作存在问题考虑不够充分，或规划与现实不够贴近，或出现一些意外事件。

（2）学校“德育目标”实施现实的分析。

根据考察与分析，学校基本上实现了“十一五”规划所期望达到的“德育目标”。

如果说还存在一定问题的话，就在于部分现实工作与目标要求还有一定的差距。例如，德育队伍建设、学校与社区、家庭联动等，与规划还存在着一定的差距。在调查中也发现，教师、学生对这几方面的确存在较多的意见。教师认为，学校在班主任工作方面的培训与鼓励不够，以致班主任工作投入程度参差不齐。

这部分问题可能与如下因素有关：一是实施方案更多体现了理论上的完美性，而忽视了对学校现实教育环境与工作可能存在问题的把握；二是操作者在德育实践中可能没有完全按照规划要求实施工作进度；三是突发事件改变了原有的工作思路。

2. 关于学校德育管理的分析

学校德育管理主要通过组织架构、制度建设、管理过程（含实施、监督、评价）完成。一般而言，考察管理水平可以从执行的力度、宽度进行。通过对东莞中学德育管理的考察、调查与分析，可得出如下判断：

从组织架构上看，东莞中学德育的层级管理基本符合一般中学的常规要求。德育制度建设上，也充分考虑了学校德育工作的各个方面，制度的配备是完善而全面的。在“十一五”规划中，东莞中学针对德育目标而采取的德育工作措施涵盖了德育管理制度建设、德育队伍建设、学生德育工作、校园文化建设、德育评价体制建设五个方面。而且每一部分的措施都具有一定的层次性。例如，在完善德育管理制度上注意从管理机构、组织体制、制度建设、培训机制和班会课观摩机制等方面逐层呈现，并从中突出本校德育特色——自主型班会课，使学校德育在制度层面上，能够保证全校德育工作的全面开展，又能突出重点。

从落实的角度看，常规性的管理制度执行得比较好，并已形成良性的执行惯性，但对于一些新的制度，执行的力度相对较弱。例如，第四条“完善德育工作的培训体制和服务体制。校内培训与校外培训相结合，在职培训与脱产培训相协调。”从具体实施情况来看，现实中既没有具体的培训制度，规划内容也远远没有按原设想实施。可能是部分制度不属于学校的工作重点，或是因为这些提法所体现的新理念和新举措，在现实中还需要摸索。

纵观整个东莞中学的德育实施情况，学校德育目标基本得以实现。但如果管理者对德育各方面工作更注意统筹把握的话，东莞中学的德育资源就能更完全充分地发挥，东莞中学的德育工作还会提升到一个更高的水平，并成为东莞中学的一个重要特色。

3. 关于德育队伍建设的分析

(1)“十一五”规划存在的问题。

在“十一五”规划中，德育队伍建设主要从四点上入手，一是德育观念的更新，强调德育方式人文化；二是德育培训制度化；三是德育工作专业化；四是德育管理系统化。“十一五”规划的总体思路是合理的，体现了现代学校德育的一些理念与做法；这四个方面也基本上涵盖了德育队伍建设的特点。但规划中一些表述却模糊了德育队伍建设的内涵，问题如下：

其一，将德育工作要求与德育队伍建设两个不同层面的内容混搭在一起，从而模糊了德育队伍建设的目标与建设特点，例如：在“十一五”规划中，将“4. 德育方式人文化”作为实现德育队伍建设的步骤，与“1. 德育培训制度化”、“2. 德育工作专业化”并列。这种混搭是不在同一逻辑层面上的，德育方式人文化是对德育工作的具体要求，不属于德育队伍建设的内容。

建议“关于德育队伍建设”方面的规划由如下部分构成：①德育队伍建设目标，下分“主旨”（可将原来的关于“德育方式人文化”和“德育管理系统化”的内容放进去，明确队伍建设的目的）和“队伍成长描述（如变成什么样的工作团队，培养多少优秀的班主任，在全校或全市、全省有什么影响，等等)”；②实现德育培训制度化；③提供德育专业成长平台（含德育科研)；④确立德育工作的奖励机制。这样的表达，能够让管理者和广大教师一目了然自己的工作定位和努力方向，容易形成共识与合力。

其二，概念界定不清晰，从而无法使具体工作得到落实。主要反映在如下几个概念的把握上。①对“德育队伍”界定不清晰。从现代德育理论上看，学校德育队伍应该包括学校主管领导、中层干部、班主任、学科教师、家长以及学校的其他员工。从专业化的角度看，起码应该包括学校主管领导、中层干部、班主任、学科教师。因此，学校的德育队伍建设应该考虑这一庞大队伍的所有人员，而不只是指班主任。②对德育管理的理解不明确。德育管理应该是指学校德育整体工作的管理，包括对人员、物质资源与精神资源的合理安排与调配，学校的“十一五”规划却将德育管理理解为人员的管理，这在一定程度上既限制了管理的对象，同时也弱化了德育管理的功能，放在德育队伍建设这一部分显得不伦不类。③对“德育工作专业化”的理解有一定的偏差。德育工作专业化是近年德育界提出的新理念，主要指德育工作要按其自身特点与规律而行，在工作中主要体现为深入研究德育工作规律，在经验的基础上实现工作科学化和有效化。工作研讨会、收集整理德育材料、编撰德育论文成果、出版德育研究专著或论文集，这些都是实现专业化的手段之一，但不是目标。如果将手段作为目标的话，就意味着出论文集就是专业化，显然，这两者还是有很大的差别的。但这种导向就可能导致教师为写论文而写论文，而不是将写论文看作对自身工作进行理性反思的结果。

其三，缺乏明确的队伍建设目标。正如上述，在德育队伍建设的规划中，恰好缺乏明确的建设目标。目标的缺乏，往往使管理者和执行者不知道自己要往哪一个方向努力，似有计划，实无头绪，最后规划只会成为分散的、难以形成合力的工作板块。因此明确队伍建设目标在规划中尤显重要。建议本部分分两部分表述：首先，应明确学校对德育队伍的期望，又称之为德育队伍建设的主旨，指出德育队伍能够为学校德育工作带来什么样的局面。其次，要描述学校德育队伍有什么样的成长状态。例如，所有班主任要达到什么要求，优秀班主任比率是多少；德育干部要接受哪些方面的培训；在德育领域上有什么专业成就；等等。

其四，培训体系与思路缺乏科学性、开放性、多样性和激励性。从“十一五”规划上看，学校的德育队伍培训虽然强调了制度化，但更多还是体现在校内资源的运用上。近年来，广东省在探索德育队伍建设上已经有比较成熟的经验，逐步形成一套开放性、多样化的培训理论与培训体系。其特点是：①德育队伍建设不只是所有德育人员的培训。不同的人员都应接受与之相应的学习，包括校外的一些合作者，这是德育工作专业化的一个重要表现；②培训内容多样化。培训不只是观念的更新，还是各种知识的学习、情感的养成以及各种各样能力的发展；③培训手段多样化。摆脱过去传统的以讲座和讨论为主的培训模式，取之以专业能力大赛（含各种专业能力 PK）、读书（书评）、走访名师、主题研讨、观摩、辩论、交流、案例点评、自我生涯规划设计、论文写作、工作反思以及小课题研究，甚至团体康乐活动、学校奖评、师生互动的活动都可以成为培训的重要手段与内容。因此，相较之下，东莞中学的德育队伍培训体系就显得过于简单和传统，除目标不明确外，培训内容也不明确。

（2）对学校德育队伍建设现实的分析。

从多方面情况综合来看，东莞中学的班主任队伍整体素质较好，具有良好的师德水平、现代教育意识和现代教育能力，具备许多成为优秀教师的素质，但相当一部分班主任的专业成长意识不强，许多优秀班主任有着凭良心做事的心态，没有明确的班主任工作专业成长发展方向和目标，这样的精神状态，与近年来日益专业化发展的广东省德育队伍有一定距离。

东莞中学班主任的这一精神面貌可能与如下方面有关：

其一，学校对班主任的奖励制度不完善，或与其他工作相比，奖励不平等[①]。调查发现，不少教师总是极力避免担任班主任工作，虽然教师不愿意当班主任已成教育领域的普遍现象，但在东莞中学还是令人深思，因为东莞中学的教师从心底里还是喜欢学生，并愿意和他们在一起的，师生互动也不错。那么为什么教师不愿意当班主任呢？那可能与制度上没有给予他们期待的地位和承认有关。

其二，学校（特别在评估上）没有充分认识班级管理对学习成绩的影响。事实上，一个班级的学习成绩与班风和学习情绪有着很大的关系，而班风和学生学习情绪的变化更多靠班主任的营造与调动。

其三，班主任的专业培训不到位，培训上可能更多强调了技能与应对，而没有在精神和理念上进行专业引导。如果持续下去，东莞中学原有

① 可看刘永林的“教师专业发展调查报告”，教师的薪酬满意度调查反映了东莞中学教师对薪酬分配有较大的意见。

的教师专业优势将会被削弱①。

东莞中学的德育队伍培训比较强调校内资源，相对忽视校外资源。东莞中学在东莞市属最优质的学校，这种过分强调本校资源，会使德育队伍缺乏学习榜样和专业工作对照，容易产生自我满足、自我封闭和惰性。

从学校现实上看，学校有关德育科研的课题比较少，这种忽视会使东莞中学德育工作疏忽了经验总结与提升，纵有许多优秀的做法，也难以形成模式，更遑论理论提升，不利于社会对学校德育工作的专业肯定。

4. 关于学生德育工作的分析

这里所述的“学生德育工作”是指学校中直接面向学生而开展的各种工作，以区别面向教师、干部的那部分。

（1）对“十一五”规划相关论述的评析。

“十一五”规划非常明确地、全面地、系统地界定了学生品德成长的目标，并对每一部分有详细的说明。说明这一部分的编写是经过深思熟虑的。目标从多层次、多角度阐明了学校对学生社会性素质的要求，既强调了国家角度又重视社会成员的生活需要；既考虑传统文化的继承又注意现代社会的诉求；既注重独立人格的培养又注意发展性能力的养成。② 这一德育目标体现了东莞中学领导层的教育视角、胸襟以及对教育的理性思考，也反映了现代社会对优质人才的品德期待，更符合东莞中学生源的素质特点与未来发展方向。

从东莞中学开展的活动来看，东莞中学设计的学生工作内容是丰富的、合理的，途径是多样化的。正是基于这一理念，形成了东莞中学优良传统——丰富的学校文化生活，并对学生品德产生潜移默化的影响。

如果说这一部分还有什么需要注意和调整的话，就在于实施措施在表述上比较平实，与众多学校的表述相似，还没能充分突出东莞中学德育目标的要求，也没能突出本校德育成就中的一些教育特色，例如，学校文化对学生的潜在影响。

---

① 见本报告附录四：《关于班主任专业成长问题问卷分析》，此部分对东莞中学班主任队伍有详细的分析。出于逻辑结构的关系，不在此处呈现此部分内容。

② 见《东莞中学“十一五”发展规划》德育工作育人目标部分，其中指出学生的培养目标是：（1）培养具有强烈爱国主义和民族精神的人；（2）培养传统美德和现代素质相统一的人；（3）培养人格自主和社会责任感相协调的人；（4）培养心灵美丽与体质健康相结合的人；（5）培养具有自觉反思意识和终身学习习惯的人。

（2）对学校现实德育工作的分析。

①从学生品德素质看学校德育工作。

综合各方来看，东莞中学学生的整体素质得到了校内外较为一致的肯定。总的来说，东莞中学学生具有与主流价值相一致的观念、现代意识和行为习惯，具有较强的自主性、独立性和社会适应性，个性心理较为积极、阳光、健康，这与学校德育目标一致，说明学校德育工作能够较好实现学校的德育目标。

但如果站在两个角度进行思考，东莞是全国经济最为活跃的地区之一；东莞中学汇集了东莞社区最优秀学生生源，肩负着东莞社区未来社会发展的重任，那么东莞中学相当一部分学生的心理就值得商榷与思考。以下讨论是在各种访谈和观察基础上综合提出的：

其一，个人发展目标不明确，或者说目标不够远大，社会胸襟不够开阔。在访谈中，不少学生比较关注自己未来的职业或者家庭发展，基本上遵循读书—就业—成家这一生活轨迹，并以东莞作为人生发展的核心和归宿。那种胸怀国家、社会，以此为使命的人比较少；那种走出广东、中国，胸怀世界的人比较少（在访谈的19位学生中只有一个比较明确表达了这一意愿）。大部分的学生对未来职业的理想是在东莞做公务员和传统型的专业人士。对从商的兴趣不高，对现代新兴的专业也不太感兴趣。

其二，作为社会精英所需要的坚韧性也还没有充分显现。在与教师访谈中，教师们表达了这种感受。不少学生不仅精神的坚韧性不够，生理的坚韧性和耐受性也与前几年的学生有一定差距。

其三，学生的协作精神与能力还有待进一步加强。本条主要针对“90后”中国学生群体而提出来的。“90后”中国学生群体，成长在社会物质条件最为丰裕时期，同时又是电子信息产品日新月异的时代，这一批人在成长中更多依赖电子产品与外界沟通、接受信息和消遣业余时间，所以容易造成现实人际交流减少，从而出现一系列的社会性素质的弱化。

由于东莞中学的社团活动比较活跃，东莞中学的学生在沟通协作方面的素质较之于其他学校有更好的表现，但在学校生活中，这一年龄段学生的共同特点仍然在东莞中学有所反映。在访谈中的确发现不少学生在言谈中更关注自身的感受。东莞中学如能在这一社会条件下，能够进一步促进东莞中学学生更积极、更健康地发展，这将更能展现东莞中学的教育特色。

②学校主要德育途径及其状态分析。

学校德育是依靠各种各样的途径来完成的，仅从东莞中学来看，东莞中学的德育工作主要有四大亮点途径：一是班级管理，二是主题班会系列活动，三是社团活动，四是学校传统文化继承。这四大途径对学生的品德影响起着重要的作用。本部分主要从一般学校的主渠道——班级这一层面进行论述，社团与传统文化传承将在下一部分作更详细的分析。

一般而言，学校的大部分德育工作都是依靠班主任的班级管理来实施的，而东莞中学的班级管理与其他中学相比，其特点如下：一是班级管理民主化程度高，学生自主管理热情和参与度比较高，这其中除了班主任有意识引导之外，更多地与学校一直倡导的理念与传统有关，也与学校社团活跃促使学生自主能力得到充分发展有关。二是班级管理水平比较参差不齐，一些班主任的管理意识比较到位，教育与管理能力也较强；一些则相对弱一些，更多是依赖学生良好的自律素质和学校传统文化的影响。这两者之间有较大的反差，应该引起重视。

东莞中学的自主型主题班会模式在德育工作中可以大书一笔，其特点可概括为：主题班会系列化——初步构成比较完善的系列；学生自主完成——由学生自行出题、设计与主持；效果显著、质量高——主题班会课有一定深度，主题具较高的教育意义，学生各种素质得到充分展现与发展。一些德育工作出色的学校，已经初步形成学校主题班会系列，但很少有学校能够做到在学生自主完成的同时实现较高的质量。东莞中学的一些自主型班会课完全可以在省内成为最优秀的班会课，而且其倡导的理念和操作模式对广东省的班会课建设可以起到示范作用。东莞中学如果将之作为课题进行深入研究与整理，使之更全面、更系统，在理论上和操作上再归纳总结一下，一定可以在全省起到引领示范的作用。

5. 学校文化对学生品行影响的分析

学校文化对学生素质养成起着举足轻重的作用，是学校重要的德育资源之一。学校文化对学生品德的养成主要在于如下几方面：其一，影响学生价值观念的形成与价值判断；其二，影响学生思维方式和思考角度；其三，影响学生的个性特征形成；其四，影响学生的道德认知与道德能力；其五，影响学生的行为习惯养成。国内外成功的教育者总是通过文化的影响力促进学生素质的发展。①

从东莞中学“十一五”规划看，东莞中学比较重视学校原有的文化

① 张德祥，周润智. 高等教育社会学［M］. 北京：高等教育出版社，2002：177－186.

传统，同时也非常重视学校文化活动对学生的影响。[①] 在“十一五”规划中，学校特别强调学校形象的建立与学校社团活动对学生的影响。事实上，学校形象的建立既能促进学生对学校的认同与肯定（这本身既是一种学校管理与经营，同时也是一股重要的教育力量，能够使学生迅速认同学校的管理，形成学校期望的素质与行为），又能促使学生认识并遵从学校建立的价值观念，实现道德的价值认知。学校社团活动是学校文化的具体体现。

综合各种调查，可得出如下分析：东莞中学学生在品德形成中深受两部分的影响，一是学校文化的历史传承，其中包括教育理念、学校声誉、学校的集体行为模式、学校的群体心理。东莞中学的学生几乎每人都熟知学校的育人目标和学校倡导的教育理念，并以此作为自我发展的基准以及行为的判断，这表明东莞中学的文化价值深深地影响着学生的认知与行为。二是深受社团文化的影响，这是东莞中学的重要特色和重要的德育力量。这与其他学校有些不同，一些近年发展迅速的学校，主要依靠班级管理，特别是靠其中的纪律管理来实现学校的德育要求。

值得一提的是学校的“麦田计划”公益活动。在调查中，教师和学生都对这一活动给予很高的评价。说明这一活动给予师生较大的思考冲击和人生（教育）体验。这恰好说明无论学生还是教师都希望学校活动能够与社会现实对接，使学生能够从更深层的角度思考人生，体验社会，形成社会性素质。

事实上，东莞中学班级与学生比较强调自主管理，也是学校教育理念传承和普及的结果，是师生在学校各种自主发展活动的浸润中逐步形成的一些自主意识与自主行为，然后自发地影响了班级的管理风格。可见，学校文化对德育的影响是广泛而深刻的。

学校文化不仅影响了学生的个性品质，同时也深深影响了教师的教育思想和教育行为，是东莞中学教师专业成长中的重要因素。

三、初步结论与建议

1. 初步结论

东莞中学拥有良好的办学条件：历史悠久，有较好的学校品牌，学校

① 见《东莞中学“十一五”发展规划》第一部分的“一、5.”/第二部分的“二、4.”。

文化深厚，学生整体素质较高，有较好的社会支持与社会期待。但同时也面临着许多的挑战，特别是来自新发展学校的挑战，东莞中学在激烈的学校竞争中，要永占鳌头，至少在德育上要注意从两方面入手：一是需要对德育目标提出更高、更与时俱进的要求。当代学校之间的真正差距，不是学校环境与设备，而是体现在教育结果——学生素质上；二是要注意在教育与管理中形成有效特色，这样才能有效实现学生素质的培育，从根本上实现学校的教育目标。

东莞中学德育工作在实践探索中形成了许多的先进理念和有效做法，这些探索使学校德育工作取得了较高的成绩，但在社会转型的条件下，以及在新的办学竞争中，东莞中学应该站在社会与教育发展的前沿，使德育工作更加科学化、系统化和有效化，逐步形成自身的德育特色和“拳头产品”，成为东莞德育，乃至广东德育的重要名片。

2. 几点建议

鉴于以上分析，本报告建议如下：

（1）在现有德育目标基础上，进一步调整学校的德育目标，将学生的未来发展定位为社会精英或未来社会青年领袖。可在原有基础上强调学生的社会意识、全球视野和坚韧不拔的精神，使之在众多学校中更能体现东莞中学的精神特质以及学校特色。从而也为拓展学校的各方面工作提供方向。

（2）锻造充满朝气与专业精神的德育团队。除了现有的一些措施外，借助广东省中小学德育研究与指导中心的力量，依靠专业培训，使专业培训与校本培训相结合，建立适应本校的、持久的、有效的德育团队成长机制，使学校德育能够持续发展。

（3）积极申报省级以上的德育科研课题。主要原因有二：其一，可为德育示范学校评估拿到重要的分数。在广东省下一轮的发展中，德育示范学校评估势在必行，东莞中学在德育上一直具有历史优势，值此可获得省德育方面的肯定，形成品牌，为成为省德育示范学校提供基础。其二，东莞中学在办学过程中形成了许多良好的德育传统和特色，如果通过德育科研课题进一步加以整理，可使过去的工作得到理论提升，从而增强学校的竞争力。同时还可以以此为依据，申请广东省的德育创新奖。整个东莞在德育创新部分都处于相对真空的状态，东莞中学如果能够率先有所突破，将会全面提升自身形象。

（4）进一步完善自主型主题班会体系，成为学校德育品牌，走进省级视野。东莞中学的自主型班会课非常具有特色，并已经逐步形成体系，也产生出很好的教育成效，是难能可贵的特色之一。可惜一直养在深闺，如果能够将之模式化，创建品牌，必可以成为东莞中学最有亮点的德育品牌。

（5）以“学校文化”建设替代“校园文化”表述，充分发挥学校文化在德育中的作用。学校文化与校园文化是互有联系但内涵不一的两个概念。学校文化更强调教育价值的取向，更强调人际关系的协调，更着重心理定式和行为习惯的培育。东莞中学在长期的发展中，形成了良好的学校文化，并且一直对教师和学生产生积极的养成作用，是学校德育的重要途径，也是东莞中学的德育特色。但如果用“校园文化”一词就不能全面涵盖东莞中学的这一特色，或者说，这一表达使东莞中学的文化底蕴淡化了。因此，很有必要将以往表述的“校园文化”一词改称为“学校文化”，并深刻领会其中的意蕴，提升学校的品位与层次。同时学校应该重新审视学校文化对学生品德的深层影响，将之自觉纳入德育工作体系中，并从理论上加以论证。

（6）建议将“政教处”改为“学生处”，以强调对学生工作的重视。近十年，许多省一级的学校都将原设的“政教处”、“思政处”改为“德育处”，华南师范大学附中早在十多年前就已经改为“学生处”了。学校德育管理机构从“政教处”、“思政处”到“德育处”，再到“学生处”，反映了四种不同的德育价值取向，以及对教育对象的态度。作为强调以学生自主发展为理念的学校，用“思政处”这一名称未免显得有点不协调，也不能很好地彰显学校的办学理念与特色。

（7）开发宿舍自主管理，使学生在生活行为中进一步实现由他律到自律的完整过渡。如前所述，东莞中学学生在学校教育行为（法定行为）中，已经走出了比较自律的一步，但学校还没有利用生活（非法定行为）过程全面培养学生的社会性素质和生活素质。如果能够利用宿舍自主管理推动社会性素质的进一步发展，将使东莞中学学生社会适应能力有更大的提高，德育工作更加全面完善。

（8）完善学校网络建设，为学校德育工作提供网络平台。其优点如下：提供师生交流平台，形成良性的师生互动；提供丰富的德育信息和社会信息，激发学生思考，进行恰当的舆论引导；让社会充分、全面了解学校的教育理念和办学特点，成为传播学校道德形象、办学形象的重要平台。

(9) 如果行有余力，学校可以适当地充分利用学校的社区资源，促进学校与社区良性互动，进一步强化学校在“社会行为方面”的社区影响力。既稳固并扩大学校的社会影响，同时也给学生一个了解社会、建立社会责任、形成社会性素质的重要平台。

【附录一】

拓展学习资料

(1) 李大健. 生活化：高校人本性德育的真谛. 教育研究，2008 (9).

(2) 王蕙. 生活化视阈下的学校德育管理. 创建优质学校的路径与方法，江苏人民出版社，2010.

(3) 王蕙. 现代教育理念下的德育资源扫描. 有效德育——基于实践的探索.

(4) 王蕙. 锻造优秀的教师团队. 有效德育——基于实践的探索.

(5) 王蕙. 促进班主任专业成长的管理策略. 有效德育——基于实践的探索.

(6) 高志东. 校本草根研究：班主任专业成长的有效途径. 现代教育科学，2009 (5).

【附录二】

班主任专业成长途径调查问卷

尊敬的班主任老师：

你好！非常感谢您参加班主任素质调查。调查结果仅供研究使用，对于您的资料我们绝对保密，望能如实作答。您的积极配合对于我们的研究非常重要。请您根据目前所从事的岗位的经验，仔细回答下列问题。谢谢合作！

东莞中学

第一部分

请根据您的个人信息，在适合您的选项前的“□”中打上“√”，在横线上填上具体的内容。

性别：□ 男　□ 女

年龄：□ 25 ~ 33　□ 33 ~ 35　□ 35 ~ 40　□ 40 ~ 45　□ 45 以上

获奖情况：国家级＿＿＿＿＿＿＿＿＿＿＿＿＿＿奖　＿＿＿项

省级＿＿＿＿＿＿＿＿＿＿＿＿＿＿奖　＿＿＿项

市级＿＿＿＿＿＿＿＿＿＿＿＿＿＿奖　＿＿＿项

学历：□ 大专以下　□ 大专　□ 本科　□研究生及以上

担任班主任年数：□ 1～5 年　□ 6～10 年　□ 11～20 年　□ 20 年以上

主要学科专业：＿＿＿＿＿＿＿＿＿＿＿＿＿＿＿＿

你拥有心理健康辅导证吗？□ 有 C 证　□ 有 B 证　□ 有 A 证　□ 没有此类考证

第二部分

以下列举的 18 项素质，对您的工作有不同的重要性，请您对其重要性程度进行评定，并在您认为合适的数字上打“√”。

重要性程度：1——不重要　2——有点重要　3——一般重要　4——比较重要　5——非常重要

序号	胜任素质类型	行为描述	重要性程度
1	班级管理能力	能够采取有效的管理思路和措施，组织学生进行各种有效的教育活动，促进班级健康成长。	1 2 3 4 5
2	生涯规划与实施能力	能够对自身进行职业成长设计，并不断敦促自己向目标迈进。不断学习各种知识，总结经验，锻炼各种教育能力与技巧。	1 2 3 4 5
3	心理辅导能力	具有实操性的心理辅导知识、意识和技巧或具有心理健康辅导 C 证以上。	1 2 3 4 5
4	教学能力	在教学中能够让学生获得有效的发展。	1 2 3 4 5
5	育人能力	关注学生的未来，致力于学生身心的健康成长，善于促使学生具备人生和社会所需要的素质。	1 2 3 4 5
6	知识结构	具备多种知识：学科专业知识、社会知识、生活知识、心理教育类知识。	1 2 3 4 5
7	现代教育观念	具有以人为本的教育理念，具有体现时代特点的教育方法观，注意教育工作的长效性。	1 2 3 4 5

续表

序号	胜任素质类型	行为描述	重要性程度
8	现代道德观念	理解现代社会价值，将人文精神、科学精神渗透到教育中去，具有社会责任感和使命感。	1 2 3 4 5
9	职业道德	热爱学生，并以学生成长为职业最大的乐趣，追求职业上的成就。	1 2 3 4 5
10	自我调控能力	能够承受挫折和压力，在困境中保持冷静，能够控制情绪采取行动解决问题。	1 2 3 4 5
11	人际交往能力	善于处理各种关系，并将之促进工作开展。具体体现在沟通、表达和换位思考上。	1 2 3 4 5
12	信息技术能力	能够利用科学技术，如网络、电子产品等现代科学技术有效地教育学生。	1 2 3 4 5
13	创新能力	善于挖掘身边资源，不拘泥于传统模式，善用新的方法、途径教育学生。	1 2 3 4 5
14	艺术表演能力	能够通过唱歌、画画、跳舞、演奏乐器等表演方式提高自身在学生中的魅力，促进师生关系的发展或教育成效的提高。	1 2 3 4 5
15	公平公正	能够公平公正地评价他人的工作，对学生奖罚分明。	1 2 3 4 5
16	亲和力	个人与他人相处非常融洽，信息和观点能在不知不觉、自然而然的情况下被受众所接受。	1 2 3 4 5
17	领导力	用自身的魅力影响学生的心理，使之积极地配合你的工作，实现工作目标。	1 2 3 4 5
18	反思能力	能够经常对工作进行总结，理性地分析错对，并在工作中加以调节以做到最好。	1 2 3 4 5

第三部分

请针对班主任工作岗位，选出10项在工作中最需要具备的胜任素质，并在对应的序号后面打“√”

序号	胜任素质	打“√”	序号	胜任素质	打“√”
1	班级管理能力		10	自我调控能力	
2	生涯规划能力		11	人际交往能力	
3	心理辅导能力		12	信息技术能力	
4	教学能力		13	创新能力	
5	育人能力		14	艺术表演能力	
6	知识结构		15	公平公正	
7	现代教育观念		16	亲和力	
8	现代道德观念		17	领导力	
9	职业道德		18	反思能力	

第四部分

以下列举的13项班主任成长途径，请您根据自己的实际情况对其重要性程度进行评定，并在您认为合适的数字上打“√”。

重要性程度：1——不重要　2——有点重要　3——一般重要　4——比较重要　5——非常重要

序号	主要成长途径	重要性程度
1	地区内集体性班主任培训（如名班主任培训）	1 2 3 4 5
2	学校内集体性班主任培训	1 2 3 4 5
3	对自己的工作进行学习、观察与反思	1 2 3 4 5
4	对他人的工作进行学习、反思与观察	1 2 3 4 5
5	阅读教育类书籍与思考分析	1 2 3 4 5
6	老教师的不断指教与引导	1 2 3 4 5
7	上级领导的指导与谈话	1 2 3 4 5
8	与学生的互动（学习学生身上的品质）	1 2 3 4 5
9	与同行的沟通与交谈	1 2 3 4 5
10	各类班主任工作会议、评比	1 2 3 4 5
11	自然而然的成长	1 2 3 4 5
12	个别性的培训与指导	1 2 3 4 5
13	其他（请列出）：	1 2 3 4 5

第五部分

你认为促进你不断成长的主要因素是什么？请您根据自己的实际情况对其重要性程度进行评定，并在您认为合适的数字上打“√”

重要性程度：1——不重要　2——有点重要　3——一般重要　4——比较重要　5——非常重要

序号	成长动力因素	重要性程度
1	不能输给别人的个性	1 2 3 4 5
2	上级领导的不断鼓励与肯定	1 2 3 4 5
3	学生的期望与鼓励	1 2 3 4 5
4	学校竞争激烈的文化氛围	1 2 3 4 5
5	某次典型性事件	1 2 3 4 5
6	许多优秀前辈的榜样	1 2 3 4 5
7	升职的需要	1 2 3 4 5
8	家人的要求	1 2 3 4 5
9	渴望成功与被肯定	1 2 3 4 5
10	热爱孩子和教师这一职业	1 2 3 4 5
11	社会责任使然	1 2 3 4 5
12	为了实现理想	1 2 3 4 5
13	其他（请列出）：	1 2 3 4 5

【附录三】

德育工作访谈提纲

（1）德育目标实施情况。

（2）德育工作管理情况（含组织管理与实施力度）。

（3）制度建设及其落实情况，如：德育工作章程，德育工作手册，德育工作管理细则，考核、奖惩制度以及条例、评估制度。

（4）班主任素质、学校提供班主任专业成长的机制与平台。

（5）德育评估制度及其有效性。

（6）学校德育资源度（含家校联动）。

（7）学生思想品德状态。

（8）校本课程开发目标与实施情况。

（9）培育学生品德与个性的主要途径。

（10）家长对莞中的评价（学生到莞中后有什么变化？你对莞中的满意度？对莞中有什么期望？你愿意为莞中帮哪些忙？你怎么评价莞中？请你对你孩子的班主任进行评价。）

【附录四】

关于班主任专业成长问题问卷分析

2011 年 4 月，对东莞中学 144 名班主任进行了问卷调查，有效问卷为 143 份。问卷内容主要为班主任基本情况调查、班主任胜任力调查、班主任成长途径调查、班主任成长动力调查。本调查问卷曾经在不同地区和学校使用过，并得出了相关数据。本次调查恰好可以利用这些数据与东莞中学所取得的数据作一个对比分析。但由于调查过程没有进行明确引导，部分问卷回答不规范，基于本报告主要把握班主任的基本情况，因此，本调查分析放弃心理学研究中的平均数差异检验（方差分析和两两比较），改用质化研究中常用的分析法。

本分析主要针对学校班主任队伍可能存在的问题，对于一般性的常规情况，在此不作分析：

（1）东莞中学班主任工作心度、工作经验和工作动力呈三极分化状态（如图一）。约 39% 的班主任在职业适应期①，既有着蓬勃发展的空间和动力，但又缺乏工作的经验，在专业方面需要更多的培训与学习；约 33% 的教师处于职业成长期，在这一阶段教师已经获得丰富的教学经验和能力，精力充沛，但生活压力大和工作任务重，特别需要专业引领和精神鼓励；28% 处于职业成熟期或职业超越期，这一阶段的教师已经形成一定经验体系和操作模式，工作上可能游刃有余，但也会固守已有经验，不愿意接受新观念与新事物。同时也容易出现身心倦怠的情况，工作缺乏激情和创新，物质性激励难以成为进一步提升专业能力的动力。

---

① 本人关于班主任专业成长研究中将班主任专业成长分为四个时期：一是职业适应期；二是职业成长期；三是职业成熟期；四是职业超越期。——见本人论著《有效德育——基于实践的探索》

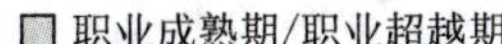

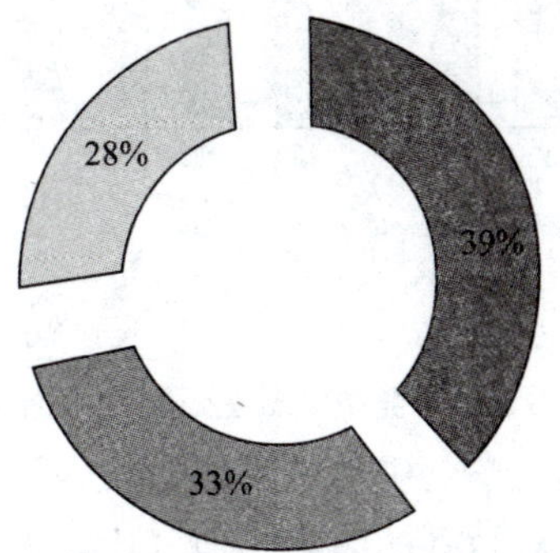

图一：东莞中学班主任职业成长期

东莞中学班主任群体的这一特点，可能要求学校在相关管理和培训上应该强调差异性，针对不同群体展开不同的培训内容和方式，是有效培训的关键。

（2）教师年轻化程度高，绝大部分班主任教龄都在10年以下，占调查总数的77%。这意味着班主任在工作和专业发展上有较大的空间和前景，也应该具有动力，这都非常有利于班主任管理和培训。如何有效地运用这一力量，促进教师专业成长，使东莞中学出更多的教育专家，值得学校领导层充分规划和布局。

（3）东莞中学班主任重视教育能力却比较忽视自我发展能力。在以往调查与研究中，我们确定了班主任胜任力由十二个因素组成，分别是：个人智能素质，包括个人的知识结构、运用信息技术的能力和才艺方面的能力；个人的品德素养；领导能力，包括组织管理能力和反思能力；人际交往能力，包括人际沟通能力和自我调控能力；生涯规划能力，包括作为基础的知识结构、自我调控、班级管理能力；育人能力，以及作为育人能力基础的班级管理能力和相应的知识基础；心理辅导能力；亲和力；现代教育观念；教学能力；创新能力；公平公正的态度。

本次调查中，东莞中学的班主任主要选择了如下一些内容（依次）：班级管理能力（92%）、心理辅导能力（89%）、亲和力（73%）、育人能力（71%）、职业道德（71%）、教学能力（69%）、公平公正态度（67%）、自我调控能力（65%）、现代教育观念（64%）、人际交往能力（59%）。（如图二）

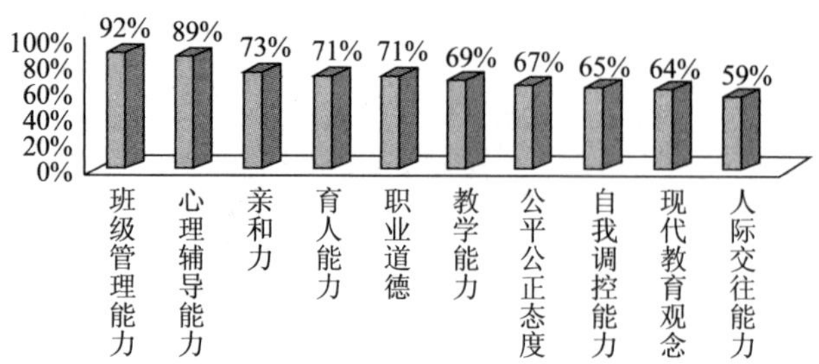

图二：东莞中学班主任胜任力选项

从对比中可以看到，东莞中学班主任比较强调如何与学生相处的相关素质，这与访谈中学生对教师的印象相似，比较强调民主化的教育管理模式，比较注意与学生的良性互动。这反映了东莞中学的班主任具有良好的现代教育思想，重视教育的实效性。

同时，调查也反映了东莞中学的班主任相对忽视自身素质的修养与提高，特别是个人专业水平的提升，只有 20% 的班主任认为“生涯规划与实施能力”在班主任工作中是十分重要的。这一数据同时反映了班主任缺乏向上发展的自我意识和动力。而只有 47% 的班主任认为反思能力是重要的工作素质，这说明相当一部分的班主任在提升自我能力上比较被动，没有找到最佳的成长途径。

如此年轻的一个群体，却比较忽视自身专业地位的提升，这意味着可能存在如下几个问题：其一，学校在这方面的引导比较少，教师群体自为的专业意识比较薄弱；其二，工作强度过大，无暇和无精力思考专业发展；其三，因进入名校和工资较高这些因素而产生了自足状态；其四，学校环境缺乏危机感。

（4）东莞中学班主任群体具有良好的专业成长因子。在已往的研究中，我们得出优秀班主任与普通班主任专业成长的途径是不一样的，优秀班主任更强调如下几个要素：对自己工作进行学习观察与反思、阅读书籍与思考、地区内集体性班主任培训、对他人的工作进行学习观察与反思、学生的鼓励。普通班主任更强调如下几个因素：对自己工作进行学习观察与反思、与同行的沟通与交谈、对他人的工作进行学习观察与反思、阅读书籍与思考、上级领导鼓励。两者的最大差异在于，优秀班主任更强调自我学习获得经验与能力，而普通班主任更强调他人对自己的影响。

本调查发现，东莞中学的班主任群体（约 75%）在专业发展中所采用的途径介乎于优秀班主任与普通班主任之间，有成为优秀班主任的成长潜质与可能，其由高至低的顺序是：对自己工作进行学习观察与反思、学生的鼓励、阅读书籍与思考、对他人的工作进行学习观察与反思、与同行的沟通与交谈。值得提醒的是，学校内集体性培训与地区内集体性培训在各项途径中认为重要的比例（只有50%的认可度）并不高，这意味着地区和学校的原有培训思路与体系有值得改革的必要。

（5）东莞中学的班主任具有良好的专业成长动力潜质。在已往的研究中，我们发现优秀班主任之所以不断提升自我，往往因为能在工作中获得成长动力，这些动力依次是：责任心、热爱孩子和热爱教师职业、学生的期望与鼓励、渴望成功与被肯定、实现理想。由此可见，道德感、师生互动情感和社会认可是班主任专业成长最重要的动力源。

东莞中学大部分的班主任认为促进自己不断成长的驱动力依次来自于：责任心（80%）、热爱孩子和热爱教师职业（75%）、学生的期望与鼓励（71%）、渴望成功与被肯定（65%）、实现理想（62%）。（如图三）这与优秀班主任的动力源一致，这意味着，东莞中学的班主任整体素质是非常优秀的，具有良好的师德素质，也有内在的成长驱动力。但为什么目前还没有较多的班主任有比较突出的表现呢？会不会是因为班主任更多处于自发状态下，缺乏有组织的引导与管理？

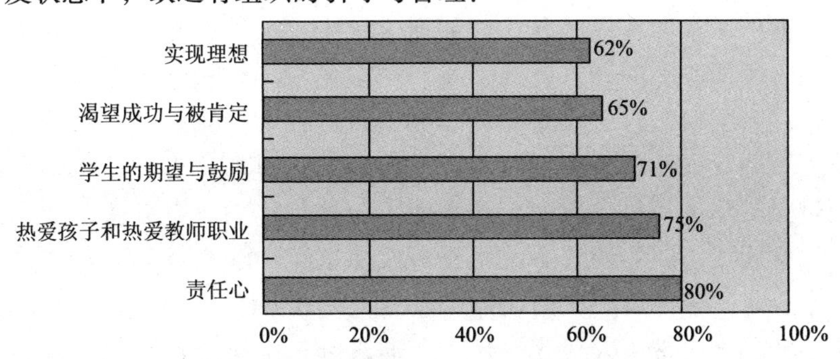

图三：东莞中学班主任自我成长驱动力

通过以上分析，东莞中学班主任具有成为优秀教师的潜质，建议东莞中学进一步加强班主任管理和班主任专业成长培训，通过有针对性的管理与培训，促进教师通过班主任工作平台，成为一代名师。

第四节　东莞中学教师专业发展情况调研报告

一、调查目的、方法与对象

随着新课程改革的不断深入，以及民众对优质教育的迫切需求，人们把更多的目光与希望聚焦在教师素质的提升上。在这种背景下，教师专业发展成为历史的必然选择。所谓教师专业发展，是指作为专业人员的教师在教学专业上不断成长的过程，通过这一过程，教师得以更新专业结构、提升专业水准、获得持续发展。①

东莞中学是东莞市教育界的品牌学校，也是广东省颇具知名度的一所百年名校，为了在新的世纪里保持学校的可持续发展，达成一所能够与世界先进教育对话，具有国际视野的国内一流学校的办学愿景，学校领导班子、广大教职员工十分重视教师队伍的建设，希望通过提升教师的专业素质，为新的百年辉煌打下坚实的师资基础。

那么，东莞中学教师专业发展现状及其影响因素如何，教师在专业发展方面的需求和特征是什么，如何进一步提高教师专业发展水平，成为我们必须回答的问题。为此，我们受东莞中学委托，专门成立了研究小组，深入学校进行了大量研究。在调研过程中，我们一方面收集了学校有关教师发展的若干书面材料、工作总结、教师个人经验总结，进行了大量文献阅读；另一方面，还采取了一些具体的研究方法，如小组访谈、课堂观察、问卷调查等。调查对象是东莞中学全体教职员工，既有老、中、青三个年龄层次的教师代表，又有班主任、学科组长、级组长、科研主任、学科带头人代表，还有普通教师、中层干部、学校领导等成员代表。其中，问卷设计为自编测量量表，共设计了30个单项或多项选择题，2个开放性题目。问卷共发放200份，回收有效问卷161份，回收率80.50%。

① 杨明全．革新的课程实践者——教师参与课程变革研究［M］．上海：上海科技教育出版社，2003，10：162.

二、调查结果与分析

1. 教师构成的基本情况

通过对教师构成基本情况表的调查统计分析，可以看出，东莞中学师资的主体部分是中青年教师，而且以骨干教师为主，教龄在 7～25 年的高达63.35%，教龄超过25 年的也有15.53%，两者合计78.88%。这一方面说明学校的教师整体上具有较为丰富的教学经验，另一方面也表明这些教师的教育理念和教学行为（尤其是教学行为）趋于定型，要作出改变可能存在一定的难度。

从学历层次和职称结构看，具有本科学历的占到被调查对象的91.92%，还有7.45%的教师具有硕士研究生学历，这表明学校在提升教师学历方面的任务已基本完成，下一步的重点工作应该放在教师专业素质与专业能力提升上。就职称结构而言，中学高级 50 人，占比 31.05%；中级 52 人，占比32.30%；初级59 人，占比36.35%。由此可见，学校教师的职称结构总体比较合理。但从学校人事制度改革来看，已获得中高级职称的老师两项合计已达63.35%，这给初级教师的职称晋升带来了困难，也把“如何保持中高级教师的专业进取精神”的问题摆在了学校管理者面前。不过，结合学校的教师专业发展目标来看，教师群体中高层次的拔尖人才仍然缺乏。

2. 教师专业发展的现状分析

（1）教师专业发展的动机分析。

选择题 1：您认为谋求自身专业发展的意义是什么？

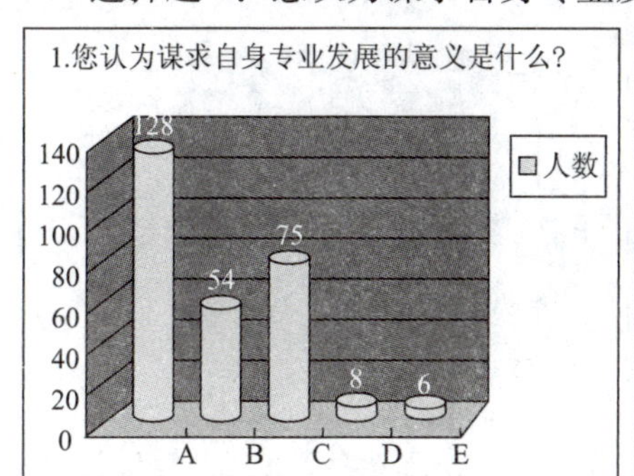

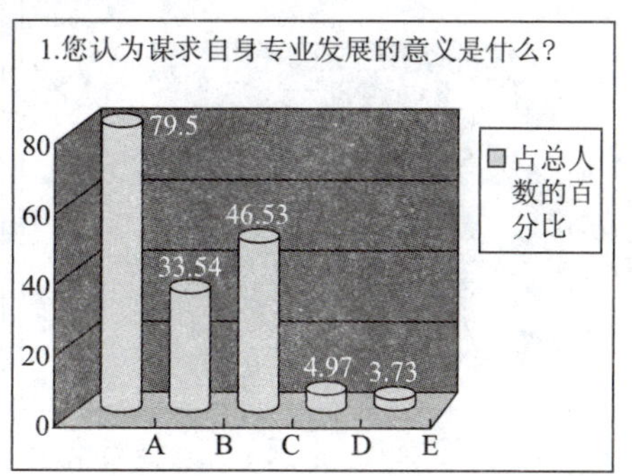

A. 体现个人价值，实现专业自主；B. 提高自身工作水平，得到领导和他人的尊重；C. 提高学生学习能力，减轻学习负担；D. 争取获得荣誉称号；E. 完成领导布置的学习任务

从选项看，追求个人专业成长，实现个人价值，成为广大教师的共同愿望。这一选项的比率达到了79.5%，许多教师专业发展目标明确，对自己的职业生涯有明确的规划。他们把提高学科素养（49.07%）、努力学习、争取成为专家型教师（46.58%）作为专业发展的具体目标，为此，他们勇于学习，乐于学习，善于与同事讨论，博采众长；有的不怕失败，公开课、示范课勇于承担，青年教师沙龙、研讨会积极发言，主动寻找舞台，争取锻炼机会，不断进步。

（2）教师的工作压力。

选择题6：当前在教学工作中您面临的主要压力是什么？

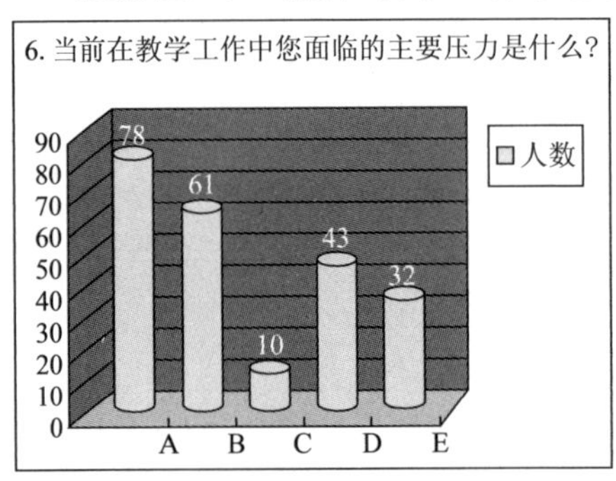

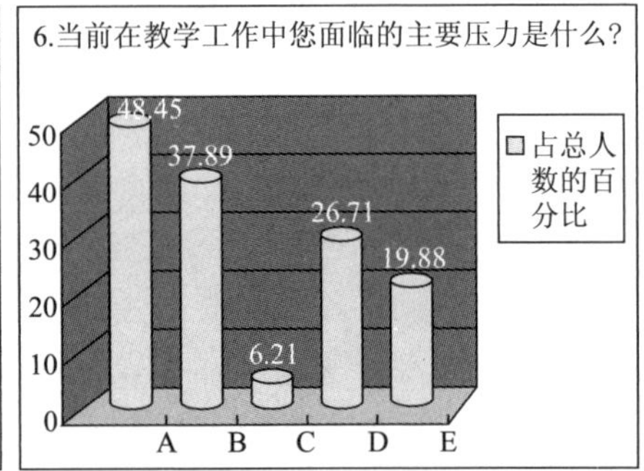

A. 如何有效提高学生考试成绩；B. 如何了解学生，搞好学生管理；C. 参加学习或进修的压力；D. 应对来自学校安排的各种活动；E. 各种考核、评选的压力；F. 职称晋升压力

选择题7：在工作时间内占用您时间较多的工作是什么？

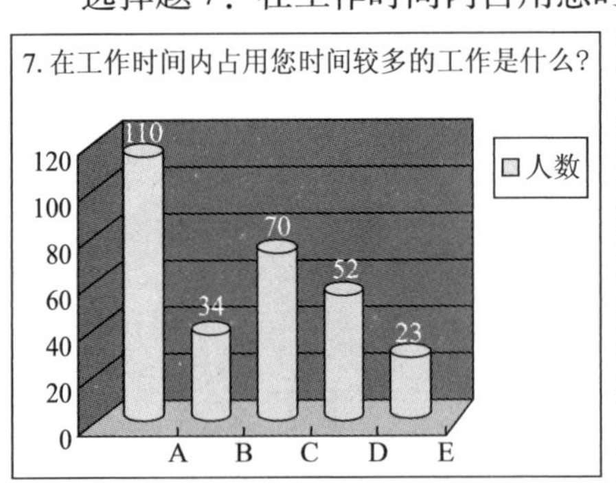

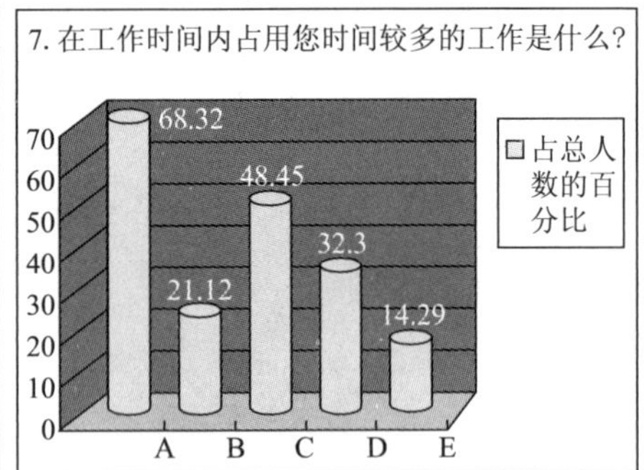

A. 备课；B. 上课；C. 批改作业；D. 班级或学生管理；E. 教研活动；F. 课题研究；G. 其他

在与教师访谈过程中，几乎老、中、青三个层次的教师代表都提到了工作压力问题，那么，东莞中学的老师普遍感受到的压力是什么呢？问卷

调查结果令我们颇感意外，48.45%的老师认为教学工作中的主要压力是如何提高学生的考试成绩，与此相联系的占用教师较多工作时间的是备课（68.32%）、批改作业（48.45%），而参加教研活动、参与课题研究的选项比例仅有14.29%和3.73%。可见，即使在名校，多数教师也承受着较大的升学考试压力，他们很难有较轻松的心情、较空闲的时间参与教研活动和课题研究。这提示管理者要进一步改变管理理念，深化素质教育改革，在评价导向上给教师减压，否则旨在促进教师专业发展的举措可能遭致部分教师的抗拒或消极应付，这是我们所不愿看到的。

（3）教师的工作态度。

选择题3：自己从事教育工作最大的优势是什么？

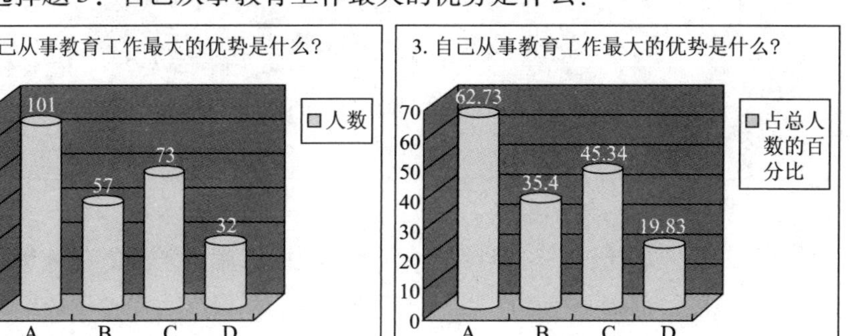

A. 热爱教育工作；B. 善于做学生工作，深受学生喜爱；C. 课堂教学能力强，教学质量高；D. 具有较强的教育研究能力

选择题4：您在工作中经常出现的心理倾向是什么？

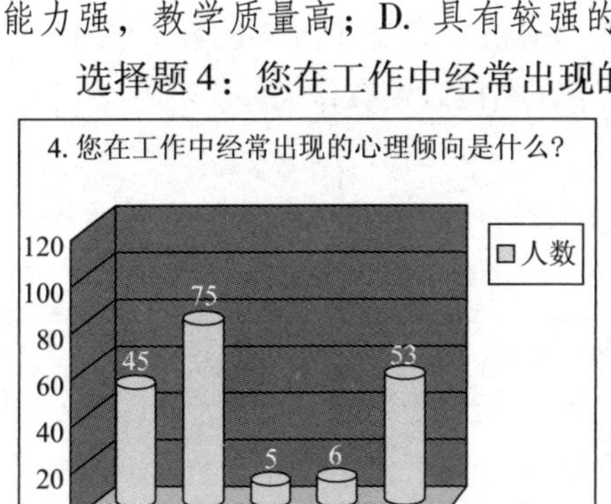

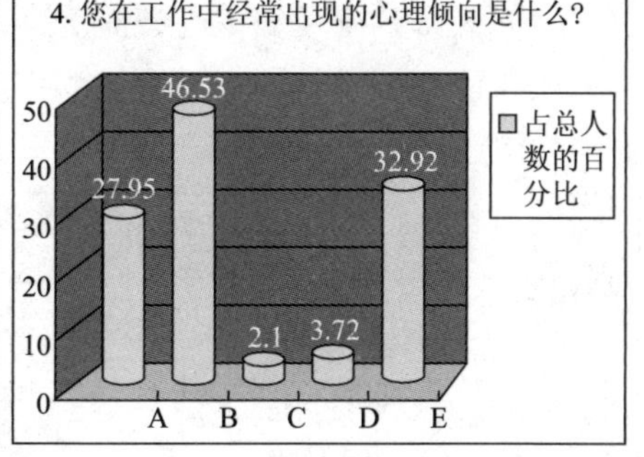

A. 对教育教学工作逐渐失去了激情；B. 对进一步提高教学水平感觉心有余而力不足；C. 职称到顶了，福利也不错，不想再辛苦了；D. 自己起点低，感觉进一步发展的难度太大；E. 对适合自己发展的方向感到模糊

从调查情况看，教师的工作态度是比较积极的，多数（62.73%）的

教师是非常热爱教育工作的，特别是青年教师，他们乐观向上，愿意承担更多的工作。但也有不少教师在前进的道路上感到迷茫，46.53%的教师对进一步提高教学水平感觉心有余而力不足，32.92%的教师对适合自己发展的方向感到模糊，这表明，明确教师专业发展的方向，进一步提高教师的专业素质，应当成为加强教师队伍建设的一项十分紧要的工作。

选择题24：您对目前的工资和福利待遇是否满意？

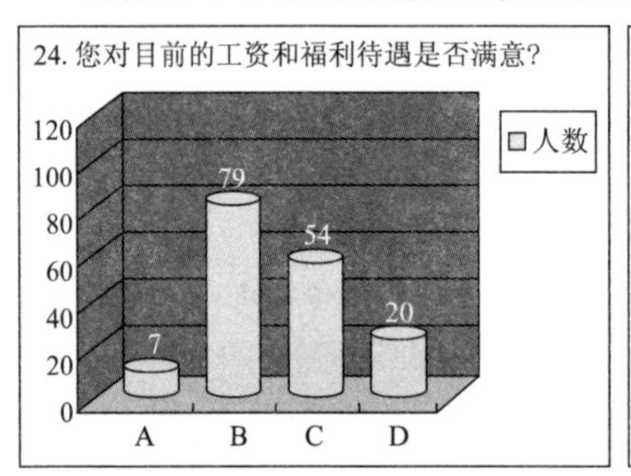

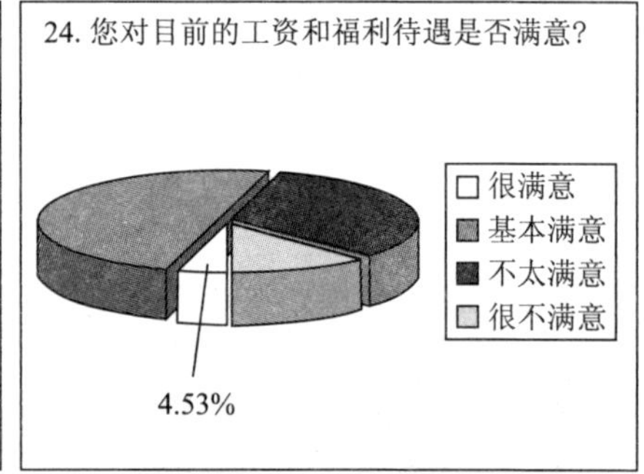

A. 很满意；B. 基本满意；C. 不太满意；D. 很不满意

贡献与收入的比较，可以在某种程度上反映教师对工作的投入程度，对薪酬的满意度，也在一定程度上影响教师工作的积极性。问卷调查结果在这一项目上也令人吃惊，有高达45.96%的教师对自己的薪酬不满意或很不满意，仅有4.35%的老师对自己的收入很满意，这提醒学校管理者，教师对自己的薪酬待遇，不仅看绝对值，更看重相对值，即在于收入的相对公平感。因此，在学校范围内，教师绩效工资改革还是可以大有作为的。

（4）教师的专业知识与技能。

选择题28：您认为，下列知识类型在多大程度上有助于您专业水平的提高，您还欠缺哪一类型知识？

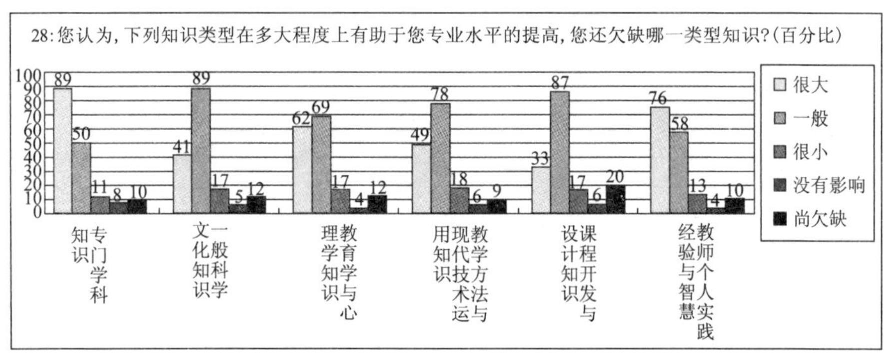

专业知识和能力是专业最基本的特征之一，也是专业化教师必备的素质之一。调查显示，在知识结构方面，有 55.28% 的老师非常重视学科知识的掌握，还有 47.20% 的老师十分关注教师个人实践经验与智慧的总结与提升，这是非常可喜的现象。比较欠缺的是课程开发与设计知识，这一比例达到 12.42%，在六个选项中最高。

在能力结构方面，49.07% 的老师认为课堂组织与管理能力对专业发展非常有帮助，49.69% 的老师特别重视教学表达与师生交往能力；这些数据表明，东莞中学的老师在专业知识和能力方面有着不错的基础，学校在教师入职把关、职后培训方面的工作也颇有成效。

选择题 29：您认为，下列能力能在多大程度上提高您的教学水平，您尚欠缺哪种能力？

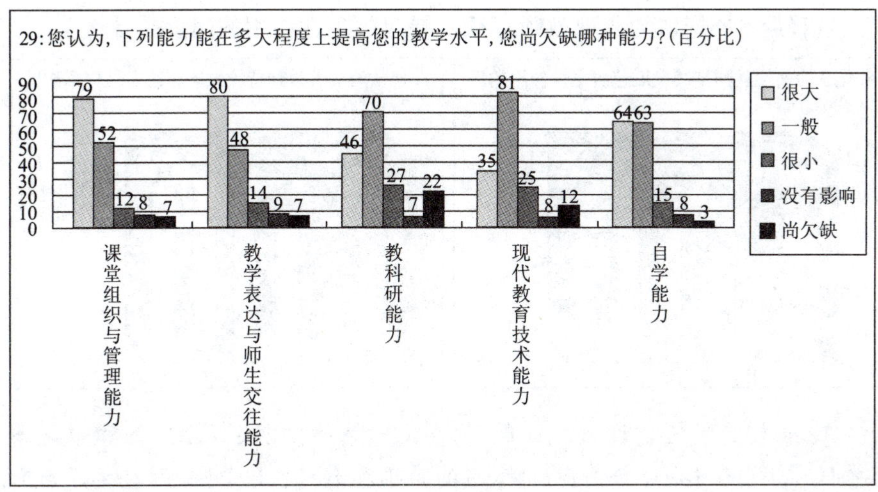

从教师对专业知识与能力的重视程度看，80% 以上的老师教学技能娴熟，这与先前分析的师资结构的特点是吻合的。但是，调查中发现，认为教育科研能力对提升自己专业发展水平很重要的仅有 28.57%，在新课程改革背景下，“教师成为研究者”的思潮已经逐渐深入人心，出现这样的情况是值得关注的。

（5）制约教师专业发展的因素分析。

选择题 5：您感觉制约自身专业发展的外部因素主要是什么？

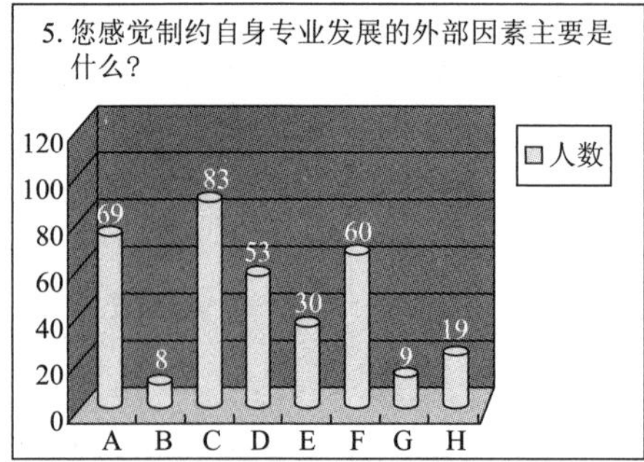

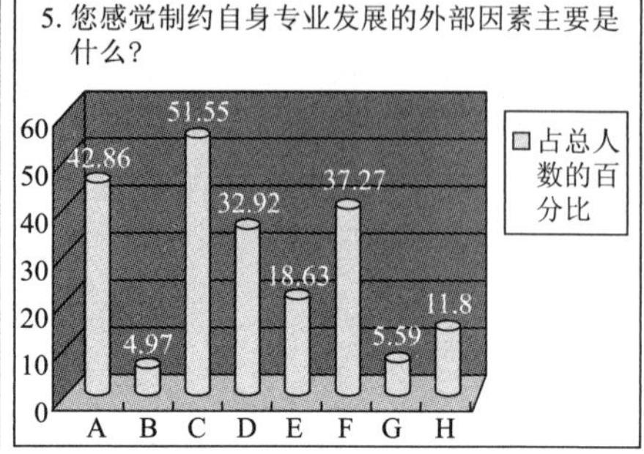

A. 鼓励教师专业发展的制度不健全；B. 所教课程和自己的兴趣不一致；C. 时间紧，工作压力大；D. 缺少专业指导；E. 缺少学习资源；F. 缺少培训机会；G. 缺少展示机会；H. 家庭负担重

选择题 8：您认为实现教师持续发展起决定性作用的因素是什么？

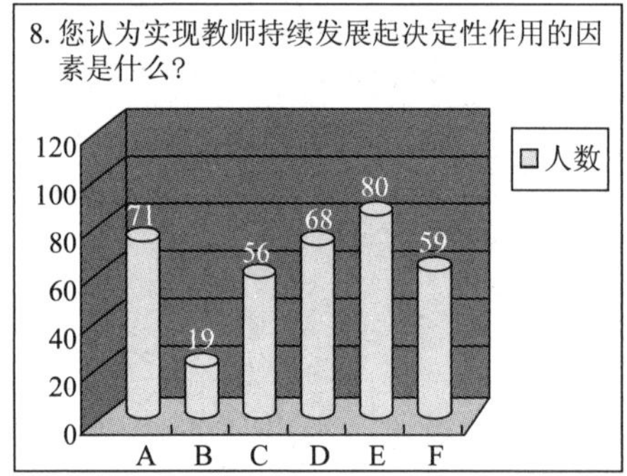

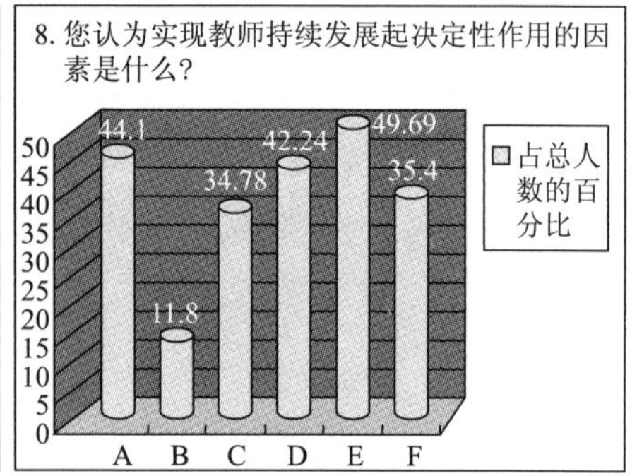

A. 学校的队伍建设措施；B. 领导对个人的关注；C. 工作和学习条件；D. 学校学习研究氛围；E. 本人的动机和态度；F. 自身的自主学习和研究能力

教师专业发展是一个长期的过程，它必然需要一些外部条件的支持。但是，调查显示，这一条件并不令人乐观。42.86%的教师认为学校鼓励教师专业发展的制度不健全；51.55%的教师认为时间紧，工作压力大；32.92%的教师认为缺少专业指导；37.27%的教师认为缺少培训机会；18.63%的教师认为缺少学习资源。仅有5.59%和11.80%的教师认为缺少展示机会和家庭负担重。可见，缺少展示机会、家庭负担重并不是教师专业发展的障碍。与此相佐证的是，在“您认为实现教师持续发展起决定性作用的因素是什么？”的选项上，44.10%的教师认为是学校的队伍建设措施；34.78%的教师认为是工作和学习条件的改善；42.24%的教师认为是

良好的学习研究氛围；49.69%的老师认为是学习动机和态度；35.40%的老师认为是自身的自主学习和研究能力。

（6）教师专业成长途径分析。

选择题10：您认为对自己的专业发展帮助最大的研修方式是什么？

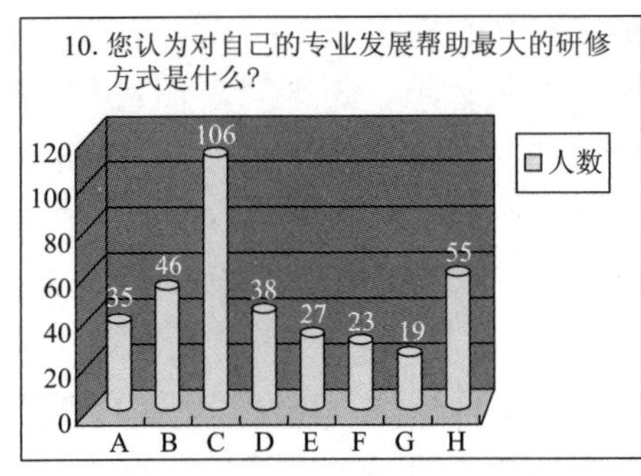

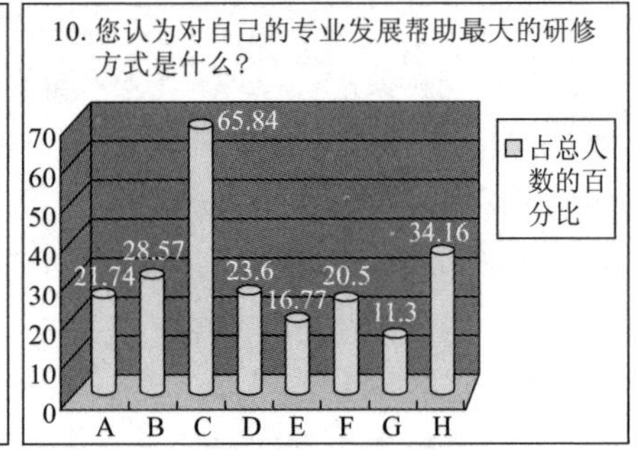

A. 听教育教学理论方面的讲座或报告；B. 接受课改专家指导课堂教学；C. 与经验丰富的同事进行教学实际问题的研讨和交流；D. 同课异构并研讨和交流；E. 主持或参与课题研究；F. 读书，写日记；G. 撰写论文；H. 脱产参加高层次的培训

选择题20：您认为促进青年教师成长的最有效的方式是什么？

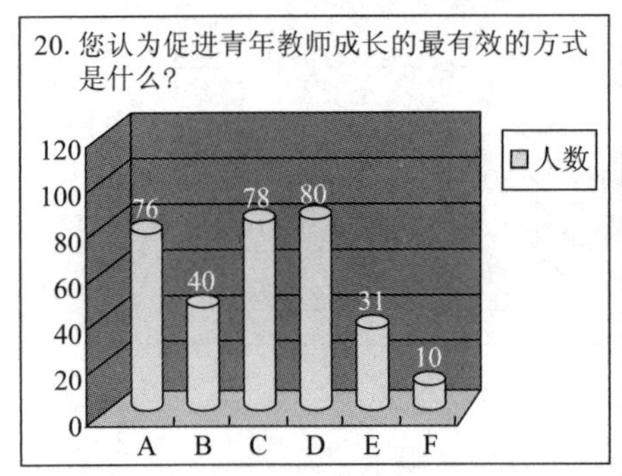

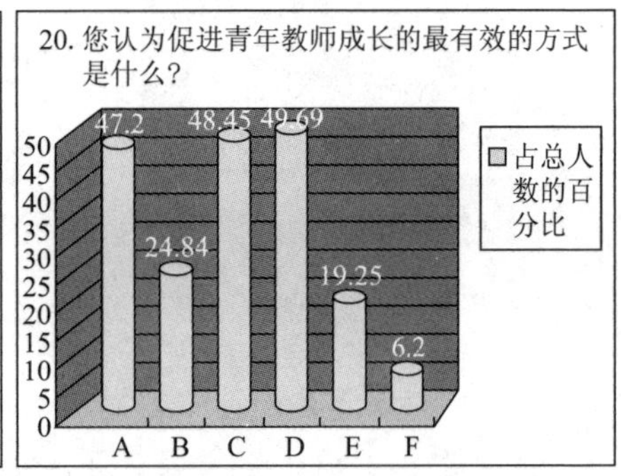

A. 校内师徒结对；B. 参与课题研究；C. 领导、同事的听课、评课指导；D. 参加教学竞赛、培训活动；E. 听专家辅导报告；F. 其他

在教师培训多元化的今天，教师专业成长的路径很多。但是，要选择最适合教师专业发展的方式，却并不是一件容易的事。在一项题为“您认为对自己的专业发展帮助最大的研修方式是什么？”的调查中，21.74%的老师选择了听教育教学理论方面的讲座或报告；28.57%的老师选择了接受课改专家指导课堂教学；65.84%的老师选择了与经验丰富的同事进行教学

实际问题的研讨和交流；23.60%的老师选择了同课异构；16.77%的老师选择了主持或参与课题研究；20.50%的老师选择了读书，写日记；11.80%的老师选择了撰写论文；34.16%的老师选择了脱产参加高层次的培训。在这八个选项中，与同事交流以及脱产参加培训所获百分比最高。关于撰写教学日记或教学反思，老师们反而认为作用不大，坚持写的老师仅占被调查总数的3.73%，这一现象值得我们深思。此外，关于促进青年教师成长的有效方式，得分最高的依次是，参加教学竞赛、培训活动（49.69%）；领导、同事的听课、评课指导（48.45%）；校内师徒结对（47.20%）；参与课题研究（24.84%）；听专家辅导报告（19.25%）。这与上述的调查结果基本吻合。

在促进教师专业发展方面，学校可以采取的措施是多样化的。对教师而言，感觉较为有效的是“业务进修”和“教学研讨”。

（7）教师的专业发展状况。

选择题2：您个人专业发展的最高目标是什么？

选择题12：近3年来您在省级以上公开刊物上发表的论文数量？

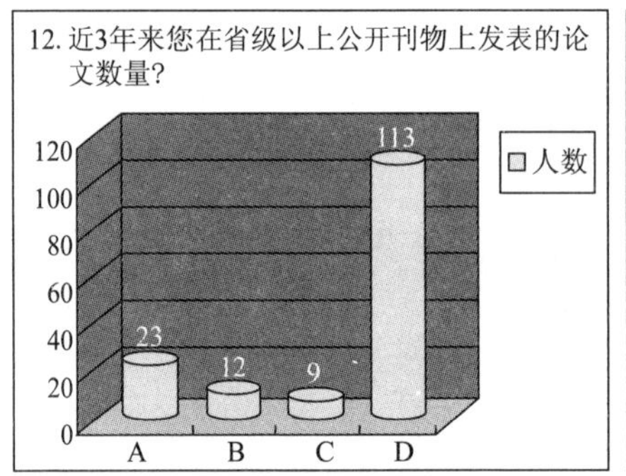

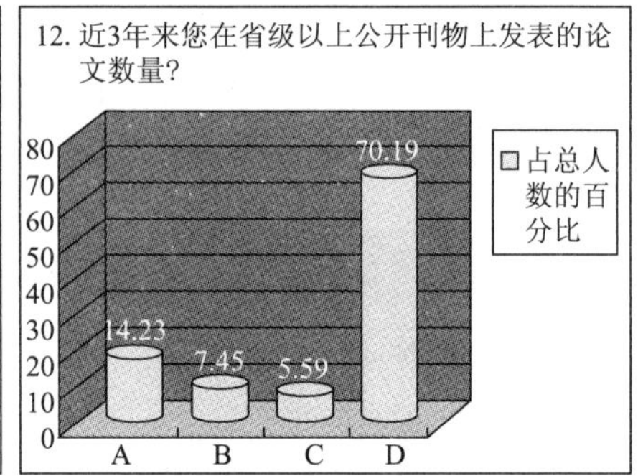

A.1篇；B.2篇；C.3篇以上；D. 没有发表过

选择题13：近3年来您主持的校级或以上课题有几个？

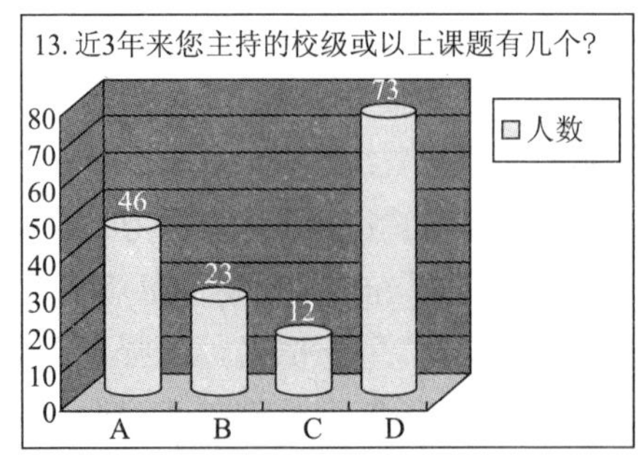

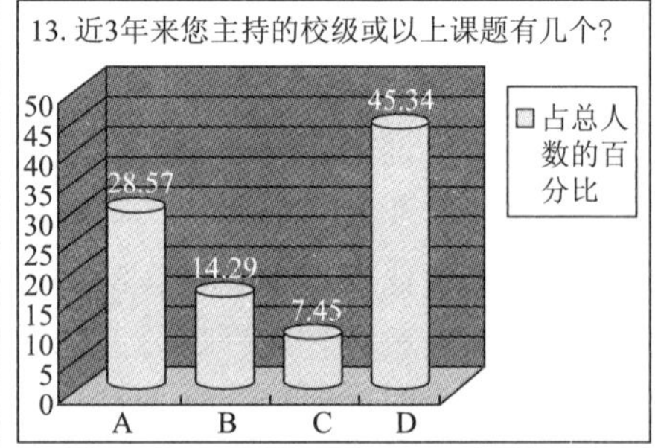

A. 1 个；B. 2 个；C. 3 个以上；D. 没有主持过

选择题 14：近 3 年来您参与的校级或以上课题有几个？

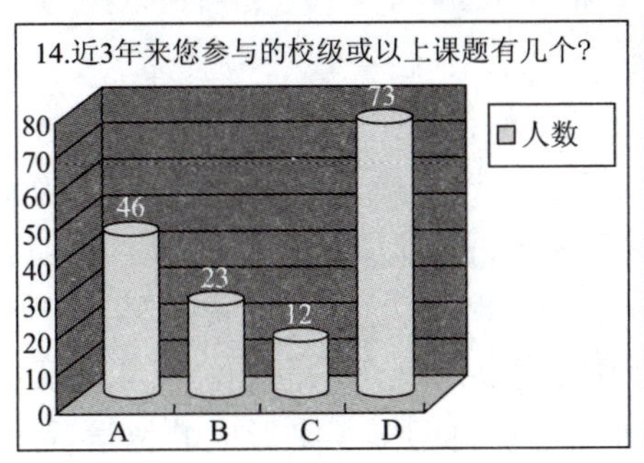

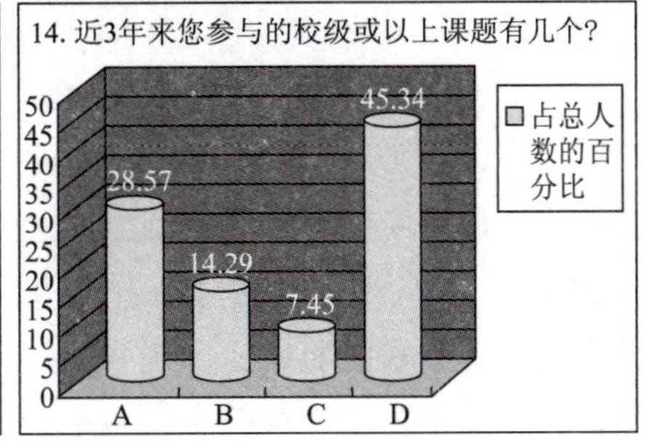

A. 1 个；B. 2 个；C. 3 个以上；D. 没有参与过

从总体上看，教师专业发展的定位普遍比较高，对自己的专业发展水平也比较乐观，将教师专业发展定位于专家型教师的超过了半数，达到了 51.55%。但是，接下来的调查数据却并不支持这一定位。因为，成为专家型教师需要一定的理论修养和较高的教育科学研究能力；虽然东莞中学的教师们对教育科研的认知态度是比较端正的，但教育科研的能力却比较薄弱。如：近三年来在省级以上公开刊物上发表论文的教师人数十分稀少，发表过 1 篇的占比是 14.29%，发表 2 篇的占比 7.45%，发表 3 篇以上占比 5.59%，而从没有发表过的教师占比却达到了 70.19%。此外，3 年来没有主持或参与过校级或以上课题的教师比例也达到了 70.81% 和 31.68%。这表明当前学校具有较强研究实力和影响力的教师并不多，高层次拔尖教师储备不足。为此，学校管理者必须在注重学校师资的整体提升的同时，还要采取一些特殊政策鼓励扶持部分教师脱颖而出，对“好苗子”加强培养，加速他们的专业成熟，尽快催生出拔尖人才，成为学校的品牌教师。

三、讨论与建议

综上所述，通过实地调研、文献查阅、问卷调查、小组访谈、课堂观察等，我们深入分析了东莞中学教师专业发展的现状，认为在“十一五”期间，东莞中学教师专业发展取得了长足的进步，但是，要办成一所能够与世界先进教育对话，具有国际视野的国内一流学校，当前的教师队伍现状，尤其是品牌教师还难以匹配。因此，在“十二五”期间，要下大力气，敢于动真格，为教师专业发展提供充分的发展空间。

1. 影响教师专业发展的因素分析

通过调研，我们发现影响教师专业发展的因素，主要有以下四个方面：

（1）教师培训机会不多，外出交流学习的机会少。

在一项题为“3 年来您参加的市级或以上教师培训活动的次数”的问卷中，参加 1 次的老师占比 22.36%，2 次的占比 21.74%，3 次以上的占比 21.74%，从没有参加过的占比达到了 31.68%。这既有经费限制、工作压力较大等因素的影响，又有教师培训制度以及观念的问题。可以想象，教师长年囿于自己学校的小天地中，难以撼动自己多年来形成的教学观念与教学方式，对教育教学改革缺乏外围信息的支撑，难免会出现夜郎自大的现象，学校名师的培养与影响力扩大就更有闭门造车之嫌了。

（2）教学压力大，学习时间有限。

在与教师们座谈中，我们了解到学校绩效考核制度中，学生的考试成绩占比例相当大，教师们感到教学压力很大，总担心学生成绩上不去，担心被比下去，影响自己的绩效。所以，教师把主要的精力都放到了千方百计抓考试成绩，用于学习与反思的时间反而越来越少了。通过教师专业发展促进教学改革，从而提高教学质量的理念被弃置一旁，影响了教师专业发展的内在动力。

（3）教师培训模式与内容比较单一。

教师的职后教育，目前都是以理论、经验为依托的课程培训为主，指望教师们“听了就能懂，懂了就会用”。可是，事实上，教师们“听了未必接受”，“接受了未必会用”。因此，在教师培训模式与内容上都必须加以改进，如制定“研修一体”的教师研修制度，强化“问题导向”的行动研究，提升教师的个人实践智慧，等等。

（4）对专业发展的认识不足。

这是影响教师专业发展的内在因素。教师专业发展是一个过程，是教师内在专业结构不断更新、演进和丰富的过程；教师专业发展也是一种目的，它帮助教师在受尊敬、支持、积极的氛围中促进个人的专业成长；教师专业发展还是一种成人教育，增进教师对工作和活动的理解。它关注教师对理论和实践的持续探究本身，关注教学工作在社会发展和个人生活中的意义。所以说，教师专业发展给教师带来的素质提高是综合性的，对教育教学改革的促进虽是持久的但并非立竿见影，确实不如教师紧抓一阵来得效益高。因此，许多教师认为专业发展提高的是自身知识能力水平，对学生的成绩影响次之或不显著，部分老师对专业学习与发展显得热情不足。比如：要求教师进行课题研究，老师们就觉得很累，而且没有必要，既浪费时间，又对学生考试成绩的提高帮助不大。因此，教师在专业发展上的认识不足，使其陷入了被动发展的状态。诚如一位老师所言，“主动和被动虽然只是一字之差，但却折射出一个人的精神、品质和一个人的责任。”对于教师专业发展而言，只有主动才能有所发展，也只有主动才能有所作为。

2．“十二五”期间，促进教师专业发展的几点建议

（1）成立一个专门小组，专司研究与制定“十二五”教师培训规划。

教师的培养与成长，不像工业产品那样可以一次成型，其培养和修炼是一个长期的、反复学习与提高的过程。因此，加强组织和管理，使教师培训工作走上科学化、规范化、制度化的轨道，成立一个专门小组，专司研究与制定“十二五”教师培训规划，是十分必要的。

首先，校长作为教师培训工作的第一责任人，必须加强对教师培训工作的全程管理，为促进教师专业成长全程服务。

其次，专门研究小组要从本校教师现状出发，分层次制定出教师全员培训“十二五”规划，这一规划，必须明确以下要素：培训目标、培训形式、培训内容、制度措施、效果评估。

最后，教师本人也要结合自身特点与专业发展定位，认真制订出切实可行的个人专业成长计划。这样通过多种渠道和多种形式的培训、学习活动，充分利用一切可利用的教育资源，为每一位教师的专业成长搭建平台。

（2）设立“名师”专项扶持基金。

“大学者，非大楼也，乃大师也”；“学高为师，德高为范”；“师如春雨，润物无声”，这一切都表明，学校之名，不在大楼，不在升学率，而在名师、大师。中央电视台著名栏目之一《百家讲坛》的特邀佳宾，北师大二附中任教历史学科的纪连海老师，就是中学老师的优秀代表之一。作为东莞市首屈一指的名校——东莞中学，理应培养出这样的名师。因此，我们建议，在“十二五”期间，学校领导班子要想方设法，或争取政府支持，或募捐于企业、校友，或干脆从学校教师培训专项经费中，分离出一部分资金，设立一个“名师”专项扶持基金，对真正有潜质的“名师”，在科研立项、外出讲学、国内外著名学府进修学习等方面加大扶持力度，使他们能够脱颖而出，早日成为学校的“名片”、“招牌”、“形象代言人”。其实，在《东莞市东莞中学2005～2010年发展规划》中，关于教师发展工程第6条已明确提出：大力培养名师，支持教师在职攻读研究生课程或硕士学位；选派教师到境外接受培训；培养国家级或省市级青年骨干教师；培养省市级优秀班主任。设立“名师”专项扶持基金，既是对“十一五”教师发展工程的落实，又表明了学校领导对“十二五”教师培养规划坚定的决心与鲜明的支持态度，相信一定能够调动广大教师参与教师专业发展的积极性。

（3）建立和完善促进教师专业成长的激励和制约机制。

这是广大教师迫切需要的。如：完善教师继续教育成绩考核登记制度与年终绩效考核、评优评模、职称续聘紧密结合的管理制度；建立教师业务学习的各项档案，加强平时督查和年终考核；进一步完善评聘分开、以岗定酬、绩效挂钩、优教优酬、优劳优酬、优管优酬机制；建立健全学校教科研制度，完善学校激励机制等。这些常规的制度，学校在“十一五”期间已做了大量的工作，有些已基本成熟，并被教师所认可，有些还需要做一些调整。

在与教师的访谈与问卷调查中，部分教师对教师评价中的某些做法颇有质疑，其中，最集中的问题有两点：一是单向度教育评价问题，二是学生评教问题。关于单向度教育评价问题，其实质就是“唯考试分数论”，这种状况短期内还难以改变，因为我国中小学教育，尤其是高中教育，都已陷入了应试教育的“囚徒困境”，既想突破，又难以突破。但这并不意味着我们无所作为。一方面，一线教师基于专业自觉和对教育规律的尊重，在某种程度上可以消弭“唯高分论”的负面影响；另一方面，学校领导也应该表明自己的鲜明立场，既不以分数论英雄，在绩效考核中调低“分数”在指标体系中的权重，具有国际视野的东莞中学，应当具备这样的“品位”和“底气”。至于部分教师对学生评教的不满与牢骚，我们不敢苟同。事实上，学生参与学校管理、参与教师评价是民主管理的应有之义，也是国内外一流学校的普遍做法。即使站在教师的立场上看，教师的职业幸福感、专业成就感也是更多地来源于学生的认可、欢迎甚至崇拜，从这个意义上说，学生是教师专业成长的期待者和促进者，对此，我们不能有丝毫怀疑和动摇。

（4）完善教师发展学校，把校本培训落到实处。

在“十一五”规划中，东莞中学已明确提出建设教师自主发展学校，并采取了一些有力措施，取得了一定成绩。[①] 事实上，教师发展学校，不是指要建立一所新的学校，而是由大学、研究机构与中小学合作，在现行的中小学建制内，帮助广大教师形成教育、教学、研究、学习合一的专业生活方式。

作为一种专业生活方式，教师发展学校的建设要注意以下几个问题：

第一，不要过分夸大专家的作用，专家引领要有计划、有主题。

引入专家培训的作用主要在于两个方面：一是开阔一线教师的理论视野，使一线教师能够及时地了解到当前教育理论前沿的基本情况，强化教师的理论素养，使其把握教育教学改革的基本方向，在进行教育教学研究与改革的实践中不至于走偏方向；二是通过这些走南闯北的专家让教师了解全国各地教学改革的最新成果，从而对自身所进行的教育教学改革的基本情况有一个比较合理的评价，使教师知道自己的优势和不足，明确自己目前需要研究和突破的关键问题。

第二，重视引导教师独立思考，提升教师的实践智慧。

在访谈中，我们发现部分具有中高级职称的老师，甚至极个别青年教师，已经出现了职业模式化倦怠现象，他们把从事教育教学工作当做职业生涯，而非专业生涯，因此其教育教学工作往往被“降低为机械的习惯，降低为虚伪的、半心半意的例行公事”。教学成为“职业”而不是“事业”，成为“工作”而不是“艺术”。这种情况必须引起我们的高度重视。这也提醒我们，在教师发展学校里，不是要给老师灌输更多的知识、概念、理念，而是要引导他们独立思考，提升教师的实践智慧。因为，只有独立思考，善于学习，不照搬他人的经验和模式，才能形成自己的风格和独特的教育实践智慧。这种教育实践智慧，包括三个方面的要义：其一，它指向教师的实践能力或实际本领，研究对象是实际的问题与现实的困惑，研究方式是具有实践性、探索性、创造性的劳动；其二，它指向教师明智的、良好的生存和生活方式；其三，它指向主体性、价值性、自觉性、自由性等人的“类本质”特征，它是教师通往自由发展和解放的道路。[②]

---

① 参见《东莞市东莞中学2005~2010年发展规划》。这里加上了“自主”二字，在访谈中，笔者特别追问何意，老师的解释是“主动”、“自觉”、“积极性”，实际上，这些词语的意义已隐含在“教师发展学校”里，且与现在通行的提法不一致，建议取消。

② 周贵礼. 从认识论到生存论——教师发展的新趋向［J］. 全球教育展望，2011（4）.

第三，引领教师突破教师专业发展的“高原瓶颈”。

在一项题为“在教师专业发展过程中，您是否经历过‘高原期’，即在较长一段时间内，感觉教学水平没有提高”的调查中，55.28%的老师作出了肯定的回答，感觉突破“高原期”非常困难。怎么办？某些地区成功的教师发展学校经验给了我们启示：即加强教学反思，与原有经验对话，教师行动研究、研究课、教师专业发展日、意义课堂等既是新型教师最基本的专业生活方式①，亦是突破教师专业发展“高原瓶颈”的基本途径。特别值得强调的是，反思——作为新型教师专业素质的特征之一，必须把它贯彻于教师成长的始终。美国著名学者多纳尔德·舍恩基于对专家型教师——“技术熟练者”定位的不满，提出了“反思性实践家”这一新型教师的专业形象。他指出：“我们要求于‘反思性实践家’的，不是特定的、普遍的、客观的理论与技术，而是能够应对复杂问题的‘洞察’、‘省察’、‘反思’的能力；是基于这些实践性思考的专家所应当具备的见识与判断力。”② 这种“见识与判断力”应该成为名师、大师最显著的特征。

（5）建立主题丰富、形式多样的教师学习共同体。

教师学习共同体是教师基于共同的目标和兴趣而自发组织的，旨在通过合作、对话和分享性活动来促进教师专业发展的团体。③ 它是以共同愿景为纽带，以自愿为原则而自由结合的一种学习型组织。在共同体中，教师之间不再是“相识的同事”，而是“友好的伙伴”，他们彼此信任，互相尊重，平等相待，密切合作。教师学习共同体所具有的强大凝聚力、驱动力和创造力，才是教师专业成长取之不尽、用之不竭的无穷动力。

毫无疑问，教师的专业发展一方面要依赖于科学化、规范化、制度化的教师培训工程；但是，另一方面，从本质意义上看，教师专业发展更多地应当立足于自我成长，立足于教师的自我导向学习。从这个意义上说，教师学习共同体就是教师专业成长的舞台。在调研过程中，我们了解到东莞中学的学生社团种类繁多，活动主题、活动内容十分丰富，形式多样。比较而言，教师的组织就单薄了。因此，我们建议，在“十二五”期间，学校除了继续加强学科组、备课组、课题组、青年教师沙龙会等教师组织

① 参见《中国教育报》2004年5月5日版。

② 佐藤学. 课程与教师［M］. 钟启泉，译. 北京：教育科学出版社，2003：270.

③ 袁维新. 教师学习共同体的自组织特征与形成机制［J］. 教育科学，2010（10），第5期.

的学习功能外，还应该大力鼓励、倡导、支持基于不同目标、不同兴趣、不同主题、不同形式而自发形成的，松散型的、非科层制特征的教师学习共同体，以便在学校形成浓郁的研究氛围和学习氛围，使教师专业成长扎根于坚实的学校沃土之中。

【附录一】

拓展学习资料

（1）陈晓新. 论自我导向学习与教师专业发展［J］. 中小学教师培训，2011（1）.

（2）李存生. 从教师“专业挫败感”反思教师专业成长［J］. 中国教育学刊，2011（4）.

（3）蔡连玉. 教师专业自觉：一种素质教育资源［J］. 中国教育学刊，2011（4）.

（4）徐应萍. 智慧教育回归教师智慧［J］. 教育理论与实践，2011（5）.

（5）袁维新. 教师学习共同体的自组织特征与形成机制［J］. 教育科学，2010（5）.

（6）李云飞. 中小学教师自主发展精神缺失问题的调查与分析［J］. 教学与管理，2011（4）.

（7）王帅. 教师个体经验价值辩证与实践突破［J］. 全球教育展望，2011（4）.

（8）周贵礼. 认识论到生存论——教师发展的新趋向［J］. 全球教育展望，2011（4）.

（9）刘永林. 论中小学教师的课程权力与制度保障［J］. 课程教材教法，2005（6）.

（10）刘永林. 教师“专业自主性”缺失的归因分析与策略选择［J］. 教育导刊，2006（9）.

（11）http：//math. cersp. com. 山西省普通高中教师专业发展现状调查报告.

（12）http：//wenku. baidu. com. 教师专业自主发展问卷调查报告.

（13）刘永林. 略论教师权威的后现代转向［J］. 现代教育论丛，2007（5）.

【附录二】

教师专业发展情况调查问卷

各位老师，你们好！为了了解您的专业发展需求，以便更好地为您提供专业发展机会，进一步提高专业发展水平，我们设计了该问卷调查表。这不是任何意义上的测验或评价，请本着实事求是的态度，根据自己真实的感受，认真填写，不要遗漏任何题目。调查以无记名形式进行，答案无所谓对错。您的选项是我们研究的依据，请表达你的真实想法。谢谢！

个人基本情况：

性别	年龄	教龄	职称	学历	任教科目	担任职务

一、选择题（根据您的理解，任选一项或多项填在括号内，第 27 题请填写具体称号。）

1. 您认为谋求自身专业发展的意义是（　　）

A. 体现个人价值，实现专业自主

B. 提高自身工作水平，得到领导和他人的尊重

C. 提高学生学习能力，减轻学习负担

D. 争取获得荣誉称号

E. 完成领导布置的学习任务

2. 您个人专业发展的最高目标是（　　）

A. 专家型教师　　B. 特级教师　　C. 学科带头人

D. 教学骨干　　E. 无所谓

3. 自己从事教育工作最大的优势在于（　　）

A. 热爱教育工作

B. 善于做学生工作，深受学生喜爱

C. 课堂教学能力强，教学质量高

D. 具有较强的教育研究能力

4. 您在工作中经常出现的心理倾向是（　　）

A. 对教育教学工作逐渐失去了激情

B. 对进一步提高教学水平感觉心有余而力不足

C. 职称到顶了，福利也不错，不想再辛苦了

D. 自己起点低，感觉进一步发展的难度太大

E. 对适合自己发展的方向感到模糊

5. 您感觉制约自身专业发展的外部因素主要是（　　）

A. 鼓励教师专业发展的制度不健全

B. 所教课程和自己的兴趣不一致

C. 时间紧，工作压力大　　D. 缺少专业指导

E. 缺少学习资源　　F. 缺少培训机会

G. 缺少展示机会　　H. 家庭负担重

6. 当前在教学工作中您面临的主要压力是（　　）

A. 如何有效提高学生考试成绩

B. 如何了解学生，搞好学生管理

C. 参加学习或进修的压力

D. 应对来自学校安排的各种活动

E. 各种考核、评选的压力

F. 职称晋升压力

7. 在工作时间内占用您时间较多的工作是（　　）

A. 备课　　B. 上课　　C. 批改作业

D. 班级或学生管理　　E. 教研活动　　F. 课题研究

G. 其他

8. 您认为实现教师持续发展起决定作用的因素是（　　）

A. 学校的队伍建设措施　　B. 领导对个人的关注

C. 工作和学习条件　　D. 学校学习研究氛围

E. 本人的动机和态度　　F. 自身的自主学习和研究能力

9. 您认为自身专业发展的重点是（　　）

A. 提高学科素养　　B. 提升文化修养

C. 提升教育教学理论修养　　D. 提高教育教学实施能力

E. 提高教育科研与创新能力　　F. 提高专业自主能力

10. 您认为对自己的专业发展帮助最大的研修方式是（　　）

A. 听教育教学理论方面的讲座或报告

B. 接受课改专家指导课堂教学

C. 与经验丰富的同事进行教学实际问题的研讨和交流

D. 同课异构并研讨和交流　　E. 主持或参与课题研究

F. 读书，写日记　　G. 撰写论文

H. 脱产参加高层次的培训

11. 学校提出了“科研兴校”的口号，您对教育科研的态度是（　　）

A. 科研和教研是学校领导、教科室的事，自己的任务就是教好课

B. 参加教科研活动、写论文、搞课题，耽误时间，影响教学，得不偿失

C. 参加教科研是提高自己教学能力的重要途径

D. 教研、科研、教学三者关系很难把握，难以协调

12. 近3年来您在省级以上公开刊物上发表的论文（　　）

A. 1篇　　B. 2篇　　C. 3篇以上　　D. 没有发表过

13. 近3年来您主持的校级或以上课题（　　）

A. 1个　　B. 2个　　C. 3个以上　　D. 没有主持过

14. 近3年来您参与的校级或以上课题（　　）

A. 1个　　B. 2个　　C. 3个以上　　D. 没有参与过

15. 近3年来您参加的市级或以上教师培训活动（　　）

A. 1次　　B. 2次　　C. 3次以上　　D. 没有参加过

16. 学校开展教研活动的形式主要是（　　）

A. 集体备课　　B. 听课评课　　C. 专题学习　　D. 其他

17. 作为教师，您认为自己目前的专业发展状况是（　　）

A. 已成为专家型教师　　B. 已成为学科带头人

C. 已成为骨干教师　　D. 已成为合格教师

18. 在教师专业发展过程中，您是否经历过“高原期”，即在较长一段时间内，感觉教学水平没有提高（　　）

A. 是　　B. 否　　C. 不清楚

19. 您在上完课后是否会写教学后记或教学反思（　　）

A. 偶尔写　　B. 坚持写　　C. 不写

20. 您认为促进青年教师成长的最有效的方式是（　　）

A. 校内师徒结对

B. 参与课题研究

C. 领导、同事的听课、评课指导

D. 参加教学竞赛、培训活动

E. 听专家辅导报告

F. 其他

21. 您对自己专业发展的打算是（　　）

A. 进一步提高学历

B. 不断学习和研究成为专家型教师

C. 成为学科领域有影响的名师

D. 顺其自然

22. 您认为学校的学术研究氛围如何（　　）

A. 比较浓厚　　B. 一般化　　C. 不太浓厚　　D. 非常薄弱

23. 要成为具有较高知名度的、有影响力的名师，最关键的因素是（　　）

A. 自身努力　　B. 领导提携　　C. 专家指引　　D. 成才环境

E. 国内或国外进修　　F. 机遇

24. 您对目前的工资和福利待遇是否满意（　　）

A. 很满意　　B. 基本满意　　C. 不太满意　　D. 很不满意

25. 教师校外短期进修学习情况的调查（　　）

A. 经常有机会外出学习进修　　B. 偶尔有机会外出学习进修

C. 从没有机会外出学习进修　　D. 无所谓

26. 您对自己专业发展的满意度是（　　）

A. 满意　　B. 不满意　　C. 不确定

27. 您曾获得的教师荣誉称号级别是（　　），具体称号是（　　）

A. 校级荣誉称号　　B. 市级荣誉称号

C. 省级荣誉称号　　D. 国家级荣誉称号

28. 您认为，下列知识类型在多大程度上有助于您专业水平的提高，您还欠缺哪一类型知识？

知识类型	很大	一般	很小	没有影响	尚欠缺
专门学科知识					
一般科学文化知识					
教育学与心理学知识					
教学方法与现代技术运用知识					
课程开发与设计知识					
教师个人实践经验与智慧					

29. 您认为，下列能力能在多大程度上提高您的教学水平，您还欠缺哪种能力？

能力类型	很大	一般	很小	没有影响	尚欠缺
课堂组织与管理能力					
教学表达与师生交往能力					
教科研能力					
现代教育技术能力					
自学能力					

30. 您认为以下因素对教师专业发展影响的程度是：

不同因素	很大	一般	很小	没有影响
校长				
专家				
同事				
教科室				
备课组				
课题组				
教师发展学校				
教师评价制度				
教师自我诊断与评价				

二、问答题（请务必简要回答，不要空白。）

1. 关于教师专业发展，您目前最关心的问题是什么？

2. 您对学校现行的促进教师专业发展的举措最满意的有哪些，不满意的有哪些？试略举一二，并简要说明理由。

【附录三】

教师专业发展情况访谈提纲

为了了解东莞中学教师专业发展的现实情况，并为修订、完善“十二五”教师发展规划提供依据，调研访谈将从三个方面展开：一是问卷调查；二是现场访谈；三是课堂观察。

1. 东莞中学教师专业发展的目标是什么？

2. 进一步提高教师专业发展的水平，东莞中学现有的优势有哪些？不足之处有哪些？

3. 东莞中学现有的对教师专业发展帮助最大的研修方式或培训方式是什么？

4. 当前东莞中学老师在工作中面临的主要压力是什么？压力源来自何方？

5. 您认为东莞中学“十二五”教师发展规划的重点是什么？

6. 作为个体的老师，您认为学校从哪些方面提供帮助，才能最大程度实现自己的专业发展。

7. 介绍一下名师工程实施的情况。（名师成长档案，20%以上的教师达到省、市学科带头人水平；10%的教师成为省、市知名度较高、有教育教学理论的学科教学或教育管理的教育专家。）

8. 介绍东莞中学教师自我发展学校运作的情况。（《东莞中学教师自我发展学校章程》、《东莞中学教师自我发展规划》、《东莞中学教师自我发展学校实施条例》、《东莞中学教师自我发展学校评估细则》制定与实施。）

访谈对象：高一、高二、高三各有两位老师代表，一位班主任老师、一位教导处主任、一位分管领导，共 9 人。具体人选由学校安排。

第三章　学校发展规划个案

第一节　东莞中学“十二五”发展规划（2011～2015年）

为贯彻落实科学发展观，创建幸福校园，促进学校持续健康发展，根据《国家中长期教育改革和发展规划纲要（2010—2020年）》和《广东省中长期教育改革和发展规划纲要（2010—2020年）》的基本精神，根据东莞市市委、市政府关于东莞市教育改革和发展的基本要求，在完成学校“十一五”发展规划的基础上，制定本规划。

一、“十一五”发展规划的执行情况

1. 目标完成的情况

学校在科教兴国战略和科学发展观的指引下，秉持“自主，和谐，共同发展”的办学理念，五年来，认真执行学校“十一五”发展规划，继续深化课程改革，加强素质教育，确保教学质量，提升办学层次和办学水平，全面推进学校的建设与发展。经过全校师生的共同努力，在德育、教学、科研、文化、管理及基本建设等方面取得了丰硕的成果，确定的建设目标基本上完成。

2. 取得的主要成绩

（1）学校建设日益完善，办学规模趋于稳定。

根据学校办学实际和发展需要，“十一五”期间，2006年，建成信息综合楼，楼高5层，有实验室15间。2007年，为创办广东省国家级示范性普通高中，市政府把市教育局和市第一招待所及周边部分民房用地划拨或征收给学校，在这片区域内，现已建成有20间教室、8间办公室和辅导室的高三教学楼一幢，300个座位的学术报告厅一座。原教育局大楼经改

造后，设有学生社团活动中心、心理咨询中心、美术教育第二课堂活动室等功能室及校史展览室。2011 年 7 月，建成楼高 9 层共 160 个房间的新学生宿舍楼一幢。2011 年 9 月，完成全校校舍建筑结构安全检测，并将不符合标准的建筑进行了加固。学校建筑面积增加到 70680 平方米，有宽敞的运动生活区和幽静的办公教学区，学校建立了完善的智能化管理系统，包括电话通信系统、物业管理服务系统、宽带网络系统、多媒体教学系统等，实现了教学与办公的现代化。积极稳妥、实事求是地完成了学校后勤社会化改革，合理利用后勤资源，提高经济效益。学校基础建设和后勤服务的完善为学校的快速发展奠定了坚实基础。

57 个教学班，在校学生 2890 人，专任教师 219 人。几经变化之后，学校办学规模趋于稳定。

（2）办校水平不断提升，示范辐射作用明显。

“十一五”以来，各方面工作都取得了优异的成绩。2006 年，学校被评为东莞市“文明标兵单位”。2007 年，学校被评为首批广东省国家级示范性普通高中，在广东省高中教学水平评估中获得优秀。2008 年，学校被评为广东省依法治校示范校、广东省“书香校园”。2009 年，学校获得“广东省三八红旗集体”、“东莞市文化建设标兵学校”等荣誉称号。2010 年，学校被市委市政府分别授予“东莞市先进集体”、“东莞市文化新城建设标兵单位”等荣誉称号。学校在高考中也屡获佳绩：从 2007 至 2011 年五年以来，一般本科上线率 95%，重点本科上线率 60%，被北大、清华录取的共有 25 人。

“十一五”期间，学校除结对协办东莞长安中学、塘厦中学外，先后创办了两所以东莞中学为品牌的新型公办学校——东莞中学初中部和东莞中学松山湖学校。现在，这两所学校正高举东莞中学大旗，承传东莞中学光荣传统和先进办学理念，已成为东莞百姓向往的名校。2007 年 12 月至 2010 年 2 月，黄灿明校长又兼任东莞市教育局直属学校管理中心常务副主任。2009 年 12 月开始协办市第六高级中学，继续为发挥东莞中学的引领示范作用，推动东莞教育长远发展做出不懈的努力。

（3）优化结构提高素质，师资队伍整体水平继续提高。

学校通过 2007 年广东省教学水平评估这一契机，进一步明确了学校的教学理念为“高效、多元、共享智慧”。以人才队伍建设作为学校建设的根本，建立和完善了一套与新课程相适应的教学管理制度，包括课程评价、成绩评价、校本教研和教师继续教育等一系列规章制度，使教师队伍的职称、学历、年龄、学员结构等更趋合理，涌现出一批优秀人才。教师中，有省校长工作室主持人 1 人，省名师工作室主持人 1 人，东莞市名教师工作室主持人 2 人，首批东莞市普通中小学学科带头人 11 人，第二批学科带头人 7 人；全国先进工作者 1 人，全国优秀教师 2 人。

组织各学科组从师资队伍、高考业绩、教研成果、学生评教、网站资源库建设、校园文化项目、教研会兼职、科组教师综合性荣誉、学科特色、省市影响力等方面，分析科组建设的成果与增长潜力，总结推广科组的成功经验，科组建设水平有较大的提升。有一批具有影响力的学科教研组：化学科被评为广东省优秀学科教研组，语文、数学、英语、历史、化学、生物、信息等科组被评为市优秀学科教研组。

（4）强化德育工作，提升学生社会性素质。

学校根据各年级学生的身心发展特点、生活阅历、品德形成发展规律和学生成长需要，建立高一年级以“适应”为支点的“习惯教育、养成教育”，高二年级以“人格”为支点的“责任教育、成人教育”，高三年级以“理想”为支点的“理想教育、成才教育”的年级分层德育体系。积极开展以“爱国、守法、诚信、知礼”为主要内容的现代公民教育和社会主义道德观教育，充分发挥班主任、任课教师、学生、学生家长和社会力量等多方面的积极作用，利用国旗下讲话、主题班会、家长会等形式，对学生进行形式多样的思想品德教育，以重大历史事件纪念日和节日为契机，开展丰富多彩的活动，引导和帮助广大青少年学生树立正确的世界观、人生观和价值观，培养他们的公民意识和感恩情怀，增强他们的爱国情感和历史使命感。

（5）不断深化课程改革，稳步提高人才培养质量。

学校始终将教学工作放在重要位置来抓，通过教研促教学，向教研要智慧，向课堂教学要质量，促进优质课堂教学常态化，不断深化课程改革。目前学校正在研究的课题已经达到53 个，开创了学校课题研究工作的崭新局面。

常规教学是学校工作的中心，也是提高教学质量的关键。一是认真做好常规教学检查，使学校常规教学工作落到实处。二是加强科组备课活动引导，要求教师主动构建具有自我特色的个性化教学模式。三是成立年级教学工作协调小组，强化年级常规教学工作的检查与指导。四是加强考试命题研究与试后分析。五是举行“教学经验交流会”、“实验班教学与管理研讨会”等教学交流活动。六是加强与市内外兄弟学校的交流。教学质量稳步提升，高考成绩屡创辉煌。

不断完善研究性拓展性课程开设和管理机制，重视抓好体育运动队的训练和学生社团的管理，加强双休和假期的训练。积极探索开展科技教育活动的途径和形式，培养学生的实践能力和创新精神，在各类学科比赛中取得了出色的成绩。2009 至 2011 年三年高考中，学校有 97 人因学科竞赛或文体特长获 20 分的政策性加分。

（6）开展丰富多彩的文化活动，营造师生共同的精神家园。

学校成立了文化建设工作小组，秉承莞中学校文化的优良传统，高起点、高品位规划学校文化建设，立足培养学生健康的价值观，形成共同的价值取向，特别是丰富多彩的学校文化活动已经成为莞中校园亮丽的风景线。

2007 年开始，每年 3 月份，学校携手“麦田计划”，在校园展开公益助学活动，包括义卖、义演以及图片展等，义卖和募捐所得善款全部用来资助贫困地区儿童。同年开始，学生们在校内设置了 27 个废纸回收专用桶，回收校内废纸支持环保城市创建。统一处理变卖废旧纸张，所得的资金存入专门的账户。目前校园废纸回收项目共积累了 3 万多元的资金，用来资助四川地震灾区洛水镇八一小学，资助了 10 名品学兼优的特困生复学，并成立爱心奖学基金。学校每年为高三毕业生举办毕业典礼，学生们以致辞、献花、歌唱等多种形式向老师表达自己的感激之情；毕业聚餐上，师生融洽无间地欢聚一堂，举杯共叙师生情谊；毕业晚会上，学生们以赠言、拥抱、合影等方式表达同窗之谊。

至今，学校连续 22 年开展一年一度的“艺术节”活动，并将高雅艺术引进校园，邀请专业团体到学校举行交响乐、歌剧、芭蕾舞专场演出。另外，学校还分别连续 17 年举办了体育节，连续 22 年举办了科技节。目前，学校有文学社、广播站、电视台、合唱团、舞蹈队等多个社团。

3. 存在的主要问题

（1）教师专业发展和学科组建设需加强。

目前，我校真正的特色学科组和优势学科组还不多，教师队伍中存在着一定的懈怠情绪，教师专业水平尚有提升空间，学科带头人数量不多，缺少在省内外有一定影响力的名师群体。教师专业发展和学科组的建设步子仍需加大，投入力度亦需加强。

（2）教学改革要不断深化。

学校探索优质课堂教学常态化的模式，使学生从被动学习变为主动学习，取得了较好的效果。但经验交流不够，还应加大力度广泛开展，以进一步提高课堂效率。课程设置需进一步完善，校本课程的开发与建设需加强。

（3）教学条件仍待继续改善。

学校投入了大量财力改善办学条件，使学校面貌和办学条件有了较大的改观，教学条件及基础设施有所改善。但仍存在实验设备陈旧和教学设施老化的问题、学生室外活动场所紧缺的问题，等等。

（4）管理体系要继续完善。

学校在管理上暴露出了一些问题，有些规章制度内容陈旧、落后，未能做到与时俱进；有些工作尚待建立规章或明确职责，消除管理“盲区”；有些管理制度“刚性”有余，“弹性”不足，缺乏人文关怀；有些工作虽有制度，但贯彻落实不够，缺少有效的监督和保障等。为适应新形势，实现学校快速发展，亟待规范的、完善的、有效的管理体系。

（5）学校品牌形象需提升。

一百多年来，学校得到社会的广泛认可，但学校的知名度与美誉度尚需进一步提升。研究运用多种传播媒介，完善学校 SIS 系统并展开应用，凝练校训，唱响校歌，营建有文化品位和个性特色的校园环境，优化学校品牌形象。

二、“十二五”期间继续坚持的方面

1. 关于学校管理

（1）继续坚持学校的办学思想。

①坚持东莞中学的办学宗旨：对每一位学生的终身发展负责。把学校教育的关怀指向在校学习和生活的每一个学生，使他们都能获得最适合于自身发展的最好教育。把学校教育的视线穿越学生生命发展的全程，为学生一生的可持续发展奠定思想、能力、情感和生活基础。

②坚持东莞中学的办学目标：把学校办成能与社会发展相适应，能与世界先进教育对话的国内一流学校。学校教育要适应社会科学技术的发展，依托现代信息技术平台的支持，走出狭隘的时空，扩大教育的观察视野和交流范围，融入到资源丰富、互动合作的大学习环境中，建立符合现

代社会特征的新教育方式，使学生初步具备适应社会发展需要的现代公民的意识、行为和能力。

③坚持东莞中学的办学理念：自主，和谐，共同发展。积极创设自我教育氛围，学生充分展示生命的主体性，主动地探求知识，自律地修炼品格，自理地安排生活，形成自尊、自立、自决、自强的人格特征。建设具有整体性、均衡性的课程体系，营建具有能包容个性、感受心灵自由、促进思维活跃的生活空间，有帮助每一个成员获得成功、实现自身价值的发展平台，有相互之间交流、沟通、理解、接纳的人际关系，有宽松、民主、友善、融洽的学习和工作氛围，每一个学生都得到最适合于他自身的发展，师生在生命互动的教育过程中都获得发展，学校与其成员在相互依赖、相互影响、相互促进关系下的联动性发展。

④坚持东莞中学的办学追求：教育生态平衡。继续优化学校的物化环境，通过对校园规划、教室布置、设施配备、环境建设等方面的精心设计，使学校成为一个有利于生命成长、富有教育意义的空间，为学生身心的健康提供一个静态的、具体的物化环境；在学校创设一个良好的心理环境，包括让学生感觉心理安全的学习和生活环境，感受平等和尊重的人际环境，符合年龄特征的成长环境，适合不同学生发展的多元价值环境等。

⑤坚持东莞中学的教学理念：高效，多元，共享智慧。教师尽可能运用和调动各种帮助学生学习的因素，高效地实现教学目标。引导学生研究自己的学习特点，掌握适合自己的学习方法，更加高效地完成课内课外的学习任务。鼓励教师展现各自的人格魅力，运用不同的教学方法，营造各具特色的课堂氛围。教师尊重学生的能力和个性差异，兼顾学生不同的发展方向，帮助学生培养多种兴趣特长。致力于营造教师之间、学生之间、教师与学生之间相互学习、教学相长、和谐发展的融洽关系，在互动合作的过程中生成智慧。

（2）继续坚持学校人性化、民主化和规范化管理。

①坚持人性化管理，创建幸福校园，充分尊重并尽力满足师生合理的精神需要和物质需要，为师生员工的工作、学习和生活提供优质服务。

②坚持民主化管理，学校重大决策事项，涉及教职员工与学生切身利益的事项，要广泛征求师生员工的意见，贯彻落实民主集中制。

③坚持规范化管理，依法治校，依章管理，严格办事程序，落实校务公开制度。

(3) 坚持中层干部的选拔任用机制。

学校中层干部，按照民主推荐、群众评议、组织谈话、行政会议决定等程序，选拔任用德才兼备、事业心强的人员。

(4) 坚持学校文化建设，提升学校文化品位。

百年莞中，文化资源丰厚，要坚持传承和不断创新学校文化，坚持做好学校的精神文化、行为文化（包括活动文化和制度文化）和视觉文化（器物文化）的建设，总结学校文化成果，提升学校文化品位。

2. 关于德育工作

(1) 继续坚持以党的“十八大”精神和科学发展观为指导，继续认真贯彻落实《爱国主义教育实施纲要》、《公民道德建设实施纲要》和《中共中央国务院关于进一步加强和改进未成年人思想道德建设的若干意见》的精神，以“爱国、守法、诚信、知礼”现代公民教育活动为重点，引导青少年树立正确的道德观、荣辱观。

(2) 继续坚持在东莞市教育局思想政治教育科的年度德育工作计划的前提下开展相关工作。

(3) 重视完善、落实年级分层德育体系。在大力开展文明礼仪教育，培养学生良好的公民意识的前提下，根据各年级学生的身心发展特点、生活阅历、品德形成发展规律和学生成长需要，进一步完善高一年级以“适应”为支点的“习惯教育、养成教育”，高二年级以“人格”为支点的“责任教育、成人教育”，高三年级以“理想”为支点的“理想教育、成才教育”的年级分层德育体系。

(4) 继续发扬我校的传统德育内容：做好我校学生的理想前途教育及励志教育；做好中学生日常行为规范的培养和管理，特别是起点年级的养成教育；抓好法制教育；重视心理健康教育，全体教师应关注学生心理健康。

(5) 继续培育我校德育活动品牌，形成莞中的德育特色。如：进一步完善系列主题班会，使之模式化；开展适合青少年身心特点的多种活动，努力使学生身心得到健康的发展；不断完善“高三成人宣誓活动”、“高三毕业典礼”、“国庆朗诵演讲比赛”、“校园书展”、“莞中学子讲堂”、“读书沙龙”、“高雅艺术进校园”等文化活动，充分发挥文化活动的育人功能。

(6) 促进学校文化建设。大力传播积极向上、丰富多彩的学校文化。

整理艺术节、体育节、科技节的经验，结合教育教学实际，调整艺术节、体育节、科技节等项目和时间安排。

3. 关于教师专业发展

（1）继续坚持做好“老带新”、“师徒结对”、“一帮一”活动，并通过双方协商、学校审核，签订“师徒合同”，明确责任、权利和义务，把这一活动落到实处。继续开展青年教师沙龙活动、教坛新秀评选工作，利用各种形式，促进青年教师的快速成长。

（2）继续做好优秀班主任、优秀教师评选，继续开展班主任工作经验交流、教学经验交流工作，大力提升班主任专业化水平，对于在班级管理工作中有独到建树，热爱班主任工作的教师，在待遇、荣誉、晋升、评先等各个方面给予优先考虑。

（3）继续开展聘请教育教学科研专家到学校开展专题辅导和培训，对教师的教育教学科研开展个性化指导，开展教育研究方法的普及性培训，使每一位教师都能掌握最基本的科研方法；努力构建“以学校为基地，以课题为载体，以教师为主体，以问题为中心”的研究模式。强化科研意识，全面提高教师的科研能力，培养一批科研骨干力量及科研型教师。鼓励以备课组或学科教研组积极申报各级课题，把教育科研和课堂实践改革结合起来，与教师绩效考评结合起来，促进教科研水平全面提高，做到以研促教、以研促学，为研究型教师成长搭建舞台。

（4）继续开展《教师自我发展记录》活动，促进教师自我反思，鼓励教师每学年精读一本教育专著、参与一个科研课题、上一节高质量的研究课、撰写一篇教学论文。

（5）继续坚持教师继续教育成绩考核登记制度与年终绩效考核、评优评模、职称续聘紧密结合的管理；建立教师业务学习的各项档案，加强平时督查和年终考核。

（6）继续实施科研课题奖励，继续坚持进行学校先进科组评选活动。

（7）继续实施名师工程，形成以教坛新秀、学科骨干、市学科带头人、省级（或以上）名师为层级的教师队伍，建设优秀教师群体。

（8）继续实施东莞中学奖教措施。

4. 关于课程教学科研

（1）教育信息化建设。

①建立数字化学校图书馆。逐步从传统的纸质资源积累转向数字资源

建设，减少图书馆、科组部门的报刊、杂志征订，加大力度购买各学科数字化的信息资源平台。

②建立信息化学校档案系统。教师的听课记录、教学反思、成长档案等逐步实行电子化管理。

③深入推进信息技术课堂教学的融合，提高教师信息技术应用水平，促进课堂效率和质量的提高。

（2）学科建设与教学管理。

①加强学科建设、备课组建设。重点扶持一批学科或备课组，使其真正能与国内、国际一流学校进行教育交流、对话。

②强化专家或名师的引领作用。通过“研究性教与学”、“教学有效性研究”等学校龙头课题的开展，为名师示范引领作用的发挥搭建平台。

③完善实验室、功能室等教学设施规划和建设，加强实验教学，重视学生创新意识与实践能力的培养。在坚持学科渗透研究性学习活动的同时，组建综合实践活动、科技创新教育和研究性学习的指导团队；分步骤、有序地开放实验室、功能室等学习场所，提升学生实践能力。

（3）课程发展与教学改革。

践行“高中三年一盘棋”的大教学观。分学科、分年级研究“三年一盘棋”的详细的任务清单，引导教师和学生循序渐进地达成培养目标。

（4）教育科研与教师专业发展。

①学校研究文化的营建。以名师工作室为载体，培育民间化的学习共同体；扩充学校图书资源和信息资源，增强学校的学习与研究氛围；整合教科研网站集成教师博客群，借助网络平台加强交流互动。

②重视教师进修学习。“走出去、请进来”，加大教师专业发展与培养的力度；想方设法地支持教师轮流进修做访问学者。

三、“十二五”期间优化完善的方面

1. 关于学校管理

（1）进一步优化学校管理机构。

根据新的形势，调整学校机构设置，重新划分机构职能，理顺“条条”与“块块”之间的关系，明确权责，相互配合，切实提高学校管理效率。

（2）进一步完善学校内部规范体系。

根据新的形势，广泛听取各方面的意见，健全和完善学校内部各项管理制度，修定《东莞中学教职工手册》（2007 年 4 月）。

（3）进一步提升后勤服务水平。

后勤工作相对于学校整体工作，具有基础性、保障性的重要作用。进一步加大投入力度，完善后勤基础设施建设。高度重视食品卫生安全监管，做好学生食堂工作，满足学生基本伙食需求。坚持开展节约型校园建设，把节能减排工作落到实处。

（4）进一步完善学校品牌形象识别系统。

学校品牌形象识别系统（SIS）是借鉴企业品牌形象识别系统（CIS）创造的学校品牌形象建设个性化解决方案。它包括学校理念识别系统（MIS）、学校行为识别系统（BIS）、学校视觉识别系统（VIS）、学校环境识别系统（EIS）等四个分支系统。在“十二五”期间，要凝练校训，唱响校歌，优化并应用学校视觉识别系统（VIS），加强学校环境识别系统（EIS）建设。

（5）进一步完善校园网建设。

校园网是学校形象的窗口。逐步完善已有的校园网，充分发掘其潜能，深化应用，提升学校品牌形象。注意优化平台软件、丰富网络资源，借助软件实现网络的“零管理”。以提高教学质量为目标，积极开发网络功能。创造条件，进一步提高师生的应用水平及技术队伍的开发能力。围绕应用，进一步完善网络的硬件建设。加强网络文化与学校德育、创新教育等方面的理论研究，从深层次认识国际互联网。

2. 关于德育工作

（1）依据学校的“对每一位学生的终身发展负责”的办学宗旨和“自主，和谐，共同发展”的办学理念，培育具有社会担当，勇于开拓社会未来的社会栋梁之材。

使学生具有强烈的爱国主义和民族精神；能够将传统美德与现代素质相融合；具有高度的人格自主和社会责任感；具有崇高的志向与道德践行能力；具有浓厚的人文情怀和科学精神；具有自觉反思意识和终身学习能力。具体做法是在原有的德育工作基础上强化如下内容：

①发挥学校社团文化，促进学生养成各种社会性素质。利用学校社团文化，推动学生形成自主成长意识和参与活动的能力，从中形成责任心、

民主意识、合作精神、组织能力、沟通能力、宣传力、执行力、协调力等社会性素质。

②进一步发挥各种社会资源的作用，培育学生社会责任、道德人格和社会实践能力。加大学生社会实践活动，协助学生义工队伍到社会上进行公益服务；组织好社会实践活动，让学生在具体的生活实践中提升道德情操；鼓励教师参与学生义工队伍活动和学生们共同参与实践，共同参与服务。针对人类社会或中国社会的一些特大灾难性事件开展一系列的活动，如讨论、征文、参与支援与拯救、捐助等行动。通过各种媒体宣传志愿者的品行，广泛宣传当地和本校校友的志愿者行为，并开展相关的讨论。开设由学生组织的相关论坛。

③通过各项活动进一步促进学生思想品德与能力的形成。利用班会课、各科课堂教学、各类讲座、社团活动、团队活动、综合实践活动、各种艺术活动、读书活动、竞赛等，促进学生进一步了解中华传统文化，认识现代社会对公民素质的要求，使之在活动中形成信仰与生活理念，形成健康的现代公民意识、品格与能力。

④利用宿舍、饭堂等学生生活领域推动学生自主管理，促进学生对社会、生活的理解以及从中学会自主管理，形成社会性素质。建立饭堂学生管理委员会、宿舍学生管理委员会，发挥其监督、建议、协调的作用；建立各种宿舍社团，开展各种宿舍文化活动，活跃住宿生业余生活，形成参与意识与团体精神，从中学会交际、组织、协调等社会能力，疏通心理问题或情绪，促进身心健康发展。

⑤大力开发自主型系列主题班会，让班会成为德育工作的有效课堂。有计划地组织由教师从旁协助、学生自主设计、师生共同参与的系列主题班会活动，提高班会德育的实效性，促进学生表达能力、组织能力、沟通能力以及自我发展能力，开阔社会视野，激发对社会、生活与人生的思考。

⑥进一步开发利用学校德育资源。深入挖掘并大力发扬学校的文化资源，充分开发利用好校内资源，进一步发挥“两台一讲一评”的教育作用。“两台”即学生广播电台、学生电视台：贴近学生、自主管理、自我教育；“一讲”即国旗下演讲：教化心灵、润物无声；“一评”即小评论：联系实际、针砭时弊。同时要进一步开发和利用校外资源，为我校德育工作服务。与科学馆、博物馆、图书馆、青少年活动中心等文化单位建立良好的合作关系，向学生提供实践和服务的平台。

（2）健全德育专业队伍，形成高效的德育团队。

①确立班主任专业发展目标。促进教师在教育教学的过程中做到育人育己，成为具有丰富精神世界的人，成为专业上的佼佼者，在工作和生活中能够领略到职业给予的幸福。

第一，使教师成为具有道德感染力和教育实现力的人。促进教师专业精神的提升，促进教师进一步热爱学生和教育事业，具有科学的教育理念，具有为社会培育未来精英的思想与教育能力。第二，使教师成为精神世界丰富的人：教师应该具有丰富的人文、艺术、哲学以及科学的修养，具有开阔的社会视野和教育视野，具有独立人格和道德情怀，有一定的社会思考力，体现一定的文化品位，具有一定的生活爱好与乐趣。第三，使教师成为不断追求卓越的专业者。鼓励教师参与或成立各种专业团队，鼓励教师进行专业探索与发展，促使教师在职业中获得专业尊重与专业自主，使之育成教师的专业意识与专业精神，通过反思与研究提升专业能力，从而使教师具有专业自豪感，实现专业自强。第四，使教师成为工作、生活幸福的人：鼓励教师参与各种各样社团活动，发挥个人兴趣爱好，将专业发展与生活爱好者结合起来。通过管理、开设各种活动与教师自我调节，促进教师身心健康、热爱生活，形成良好的个性品质与人格特征。使教师能够充分享受学校发展与社会发展的丰硕成果，提升教师生活品质与文化品位。

②实施措施：全面提升德育队伍的素质，建设具有充满活力与合力的德育团队。第一，形成具有莞中特色的德育团队目标与精神。使教师具备尊重人格、关怀生命、关爱自然等核心理念，具备理性的批判精神、社会的责任感意识。第二，确立德育培训制度化。邀请有关培训专家指导，制订科学的德育队伍培训方案，实现校内外相结合的，理论学习、实践探讨与研究相结合的多元培训。制定德育培训手册，规范培训形式，丰富培训内容，提高培训质量。第三，完善班主任的选拔、考核评价制度体系，完善班主任的评优奖励。学校的各项评优多向班主任倾斜。第四，建立班主任校内外交流制度。建立优秀班主任到省外考察学习机制。鼓励班主任参加各种省市级的有关比赛，并将之计入工作业绩考核。第五，建立促进班主任专业成长的平台。鼓励班主任参与各种专业社团，建立班主任工作室制度，建立以德育干部、优秀班主任为主体的德育研究团队。以上种种团队，学校给予经费支持、绩效奖鼓励以及纳入学校对教师的评估与奖励，鼓励这些团体与校外各种机构的联系，将部分学校的工作交予这些团体完成。第

六，根据实际的德育问题定期出主题，定期开办好德育工作研讨会；收集整理德育材料，编撰德育论文成果，出版德育研究专著或论文集。

（3）进一步完善自主型主题班会体系，成为学校德育品牌，走进省级视野。

收集整理已经开发的自主型主题班会课，将之归类。鼓励教师进一步对莞中自主型主题班会课的研究，找出其特点、操作原则、操作模式，等等，使之形成东莞中学的品牌。鼓励教师将课件整理参加省、市级的课例比赛或论文比赛。组织教师和学生参加学校组织的自主型班会课比赛与观摩。组织有关自主型班会课的征文，鼓励教师与学生共同参与。

（4）完善德育网络建设，整合德育网和家校网，为德育工作提供网络平台。

（5）进一步完善学生工作的常规管理。

进一步使学生会管理制度化、校园纪检制度化、学生社团活动中心管理制度化、社团活动规范化、读书活动常规化、重大节日宣传醒目有序。

（6）不断完善东莞中学《学生手册》，及时教育违纪学生。

3. 关于教师专业发展

（1）实施名师工程。

建立以教坛新秀、学科骨干、市学科带头人、省级名师为层级的教师队伍；通过名师工作室领衔、学科带头人研修、骨干教师培训等渠道，培养一支金字塔型的教育教学领军团队。加大名师培养力度，完善激励机制，建立学校名师工作室，以“点”带面，盘活全校教师队伍的建设。

①在建设优秀教师群体的基础上，建立名师成长档案，制订和落实《东莞中学名师培养计划》，营造名师成长的良好氛围，发挥名优教师的引领、示范与辐射作用，使“名师”脱颖而出。

②设立“名师”专项扶持基金，加大名师培养的经费支持力度。

③大力培养骨干教师和名师，支持教师在职培训；选派教师到境外接受培训；培养国家级或省、市级青年骨干教师，培养省、市级优秀班主任，使20%的教师成为省、市知名度较高的名师。

（2）完善和落实教师自我发展学校的管理制度。

①制定和完善《东莞中学教师自我发展学校章程》。

②编写《教师自我发展大纲》，指导教师自我发展方向。

③建立教师自我检测、自我调控、自我反思和自我超越机制。

（3）完善校本培训模式。

凡重大教师专业发展校本培训项目，原则上需要按照“理论研修、实践探索、自学研究、考察学习和能力展示”等五个关键环节来设计，参训者也应尽可能完整地经过五个关键环节的历练。开展教育科研的教师全员培训；深化校本培训工作，构建高效的校本培训体系，增强培训的针对性和实效性。

（4）完善优秀教师的评选工作。

（5）完善东莞中学奖教制度，完善学校激励机制。

（6）健全学校的课题管理制度。

4. 关于课程教学科研

（1）教育信息化建设。

以实践为导向，服务教学，深化应用，推进数字化校园建设，实施数字校园软硬件环境建设、数字资源建设、教师应用能力培养、学校信息化管理的系统工程，促进教育信息技术由表及里、由浅到深融入到学校教育教学实践之中，努力构建数字化教与学、数字化管理、数字化服务的现代化数字校园。扩建电脑室，为英语听说考试、语文及英语阅读课教学提供良好的信息化保障；完善音乐、美术等学科的信息化教学设施。

（2）学科建设与教学管理。

①完善教学质量管理。改进高考总结会，教学经验交流会，期中、期末教学质量分析会，透视数据统计背后的教育、教学措施的有效性，提升质量管理水平。

②改进学生自主学习时段的管理。针对不同年级、不同阶段有针对性地安排教师辅导，提高晚修辅导效率。

（3）课程发展与教学改革。

①深化学校特色教育的制度创新。重点打造英语教育、信息教育、科技创新教育、人文教育等特色；实行特色教育管理的项目化，倡导“一位教师一个特长一个项目”，引导教师在特色发展中获得教育幸福；促进特色教育组织的社团化（包括学生学习组织的社团化、指导教师团队的社团化）。

②开发具有学校特色的校本课程。加大经费投入，制定校本课程开发规划，分阶段、分学科、分专题开发具有学校特色的校本课程，并争取正式出版。

(4) 教育科研与教师专业发展。

①建立学校学术委员会，设立专职或兼职秘书，推进名师参与学校管理。

②加大学校教育科研经费的支持力度。

③加强科组内部、科组之间的校本教研。

(5) 学生精英素质提升。

设立学生服务中心，引导学生参与学校相关事务（如学习、宿舍、饭堂、图书馆、辅导室等）的管理，增强学生的参与意识，培养学生的领导能力。

四、“十二五”期间突破更新的方面

1. 关于学校管理

(1) 加强学校中层干部队伍建设。

中层干部是学校决策的执行者、多重关系的协调者和事业发展的参谋者，是学校持续健康发展的中坚力量。“十二五”期间，在选准、用好人才的基础上，研制中层干部评价方案，科学考评中层干部，举办专门的培训课程，通过“请进来”和“走出去”的途径，采用“挂职锻炼”和“岗位轮换”等形式，帮助中层干部认清角色定位，提高理论素养和执行能力。

(2) 设专项课题，研究东莞中学学生的特质及其影响因素。

学校是培养人的社会组织。学校培养的人的质量最能够说明学校的办学水平。东莞中学所培养的人具有什么样普遍优秀的品质？这些优秀品质是受东莞中学哪些教育因素的影响？通过设立专项课题，研究东莞中学学生特质及其影响因素，为学校更好地培养人提供决策依据。

(3) 运用多种传播媒介，优化学校品牌形象。

良好的品牌形象是学校最宝贵的无形资产和核心竞争力。注意选择和运用多种传播媒介，提高学校的知名度和美誉度，优化和拓展学校生存和发展的社会性空间。

①注意选择和运用好报纸、杂志、书籍、常用公文和宣传资料等印刷类媒介。

②注意选择和运用好电视、广播、校园网、博客、播客、电子邮件、QQ 空间以及音像资料等电子类媒介。

③注意选择和运用好历届校友、学生家长、上级领导、社区各界等人际沟通媒介。

④注意选择和运用好周年庆典、家长会、开放日等专题活动媒介。

（4）加强学校档案管理，充分发挥档案新思路。

①积极探索档案开发利用的新思路、新方法，主动树立服务意识，主动开发服务功能，努力为学校科学决策服务，为广大师生员工服务，为社会各界服务。

②要立足服务改革档案管理方式。一要着眼发挥服务功能，健全和完善档案管理制度，对档案的收集、整理、归档、利用实行科学管理，使之规范化、制度化、数字化。二要利用现代信息技术，提升管理水平，依托学校信息化建设，有重点、成体系、分步骤地开发利用计算机技术、复制技术、光盘技术等现代化信息技术，提高档案信息服务水平或效率，着力改变信息收集、加工、处理、存储、传播等方面的落后状况。

2. 关于德育工作

（1）把政教处改为德育处。

（2）建立全面的、立体的、以促进学生形成社会性素质为目标的评价体系，注意从知、情、意、行评价学生的道德状态，注意从学生各个方面进行综合评价。

（3）开发宿舍自主管理，形成独特的宿舍文化，利用宿舍促进学生形成社会性素质。建立饭堂学生管理委员会、宿舍学生管理委员会，发挥其监督、建议、协调的作用；建立各种宿舍社团，开展各种宿舍文化活动，活跃住宿生业余生活，形成参与意识与团体精神，从中学会交际、组织、协调等社会能力，疏通心理问题或情绪，促进身心健康发展。

（4）学校可以适当利用学校的社区资源，促进学校与社区良性互动，进一步强化学校在“社会行为方面”的社区影响力。扩大莞中学校文化的社会影响力和辐射力，使学校成为社区的文明传播中心和示范基地。要求师生注意树立良好的莞中人社会形象，加强与社区、家庭的联系，促进校友会、家长委员会对学校的良性影响，通过学生参与社区活动，把莞中精神和莞中人的道德情操、品格风范带到社会中去，使学校良好的道德风范和精神深入影响到家庭、社区乃至全市。

（5）拓展志愿服务活动，利用寒、暑假和平时节假日，利用社区资源，组织学生深入开展参观考察、社区服务、生产劳动等社会实践活动。

广泛开展敬老助残、环保宣传、结对帮扶等志愿服务活动，引导学生关心他人、服务社会。

（6）开发适合我校学生领导力培养的校本课程。确立培训目标、内容，开展拓展训练、专题报告、境外修学等活动，形成相对完整的体系。将学生的未来发展定位为社会精英。在原有基础上强调学生的社会意识、全球视野和坚韧不拔的精神。

（7）开展加强学生社会性素质的系列活动。依托台商子弟学校生命力培训中心及其他拓展训练基地，开展团队游戏、情景模拟等活动，增加学生与他人、与社会的接触，不断提高学生的社会化技能。把一些低空拓展项目引入校园。

（8）开设职业生涯规划课程，积极开展职业体验活动，帮助学生认清自身兴趣和优势，了解社会职业需求与特点，使学生建立和形成初步的职业生涯规划。

3. 关于教师专业发展

（1）建立“东莞中学教师专业发展委员会”，明确其权利、义务和职责，并在“东莞中学教师专业发展委员会”之下，成立教坛新秀、学科骨干、市学科带头人、省级名师、优秀班主任促进小组。

（2）建立促进教师专业成长的激励机制。

（3）建立东莞中学骨干教师评选及聘用制度。

（4）在名师培训计划中，引入顶层设计理念，通过顶层目标规划、顶层人物培养，紧盯标杆学校，内引外联，加强与国内外一流名校的联系与合作，采取切实措施，落实名师培养计划。

（5）发挥网络的资源积累和管理功能，为每个教师建立专业成长电子档案，记录其成长历程，形成网络化的教师成长管理档案；进一步加强与完善东莞中学网站建设，开设东莞中学网络研修栏目，拓展网络培训功能，推进网络团队研修模式，逐步形成由名师引领、骨干指导、全体参与的网络研修团队，在探究问题的过程中，实现名师、骨干和全体教师的共同提高。

（6）每位教师根据自己特点和需求制定五年专业发展规划，提出发展目标和学习计划。学校参与教师个人专业发展规划的审核与管理，对教师的发展过程进行指导；同时根据教师的申请，结合学校工作安排和经费条件，积极安排教师参加各级各类培训；每学年对教师的发展目标进行评估，提出改进意见和措施。

（7）对涉及教师专业发展的校本培训实施项目管理，各项目组要落实人员、经费、时间、地点，责任到人；培训方案设计与项目开发要贴近课改、课堂、教师，进一步提高培训的针对性和实效性，提高教师参与校本培训的积极性和主动性。

（8）加强经费使用管理，建立教坛新秀、学科骨干、市学科带头人、名师、优秀班主任培训的经费保障机制，严格按照相关规定足额保障经费到位，在经费管理和使用上做到公开透明，确保教师专业发展各类培训工作顺利推进。

4. 关于课程教学科研

（1）教育信息化建设。

①建立学生在线学习网络平台。在条件成熟、师资力量强的学科开设精品课堂、名师辅导、专题学习资源、在线答疑、智能测试等栏目，引导学生自主学习，培养学生终身学习的习惯和能力。

②在六校联盟的联合考试、联合评卷、联合分析基础上，充分发挥网络优势，建立远程视频系统，探讨在六校联盟期间各校优势科目开展协同教学、协同教研，实现六校共建共享优质课堂成果。

（2）学科建设与教学管理。

①加强特色学科建设。学科建设是学校建设与发展的核心。学科建设状况从根本上体现一所学校的办学水平、办学特色、学术地位，彰显出一所学校的核心竞争力。抓学科特色与特色学科建设，就是抓住了学校发展的根本和核心。

②培育学习型的教师团队。教师的成长不是单打独斗式、个体式的成长，而是在与同伴群体的交往交流中积极地自我建构。教师专业实践共同体，就是教师根据研究问题的需要，自行组织与自愿结合的非正式组织。

③探索特色班级建设。鼓励以实验班的形式开展学科教育教学实验，差异化课程设置，优化班级管理和学科发展，建设特色班级；在实验班建设过程中，探索特优生、特长生的培养路径。

（3）课程发展与教学改革。

①转变学生的学习方式。现代建构主义学习认为，学生只有在主动探究与合作交流中，才能获得真实的意义建构。问卷调查显示，多数学生渴望在课堂中有自主思考、主动提问与合作交流的机会。

②提升教学效率，减轻师生负担。优化课程设置，完善课时与辅导安排，同时通过积极的教学改革，提升教学效率，促进学校内涵式发展。

③开发特长生培养课程。研究、创设适应社会需求的、利于培养创新人才的特长生培养课程，在引导学生全面发展的同时重点培养一批各领域的拔尖人才。

（4）教育科研与教师专业发展。

①探索合作研究的新思路。横向合作：与近邻兄弟学校、高校等建立科研联合体，互惠互利、共赢发展；在与六校联盟学校联考、联改基础上探索联教。纵向合作：建构与东莞各初中学校沟通交流的制度平台，探索初中与高中有效衔接的新课题。

②创新教师研究的方式。转变传统的研究观，让研究更加适合教师工作实际，更加适应教师知识的特点（教师知识主要是实践性知识），让教师体会到研究的乐趣。在教师研究观的重建与教师研究类型的探索上形成自己的思考，为教师教育研究的探索贡献出自己的智慧。

（5）学生精英素质提升。

探索拔尖人才培养的新思路，研究各类学生干部培养、培训的新路径、新方式，着力提升学生干部的领导力；创造条件为拔尖人才如艺术、美术等类学生举办个人专场、专项活动；为少数特别拔尖的学生创造条件，引导他们进入高科技公司或著名高校学习与实践，丰富他们的人生经历。

第二节　东莞中学“十一五”发展规划（2005～2010年）

作为一所百年老校，近年来，东莞中学在东莞市委、市政府和市教育局的正确领导下，全校教职工秉承“自主、和谐、共同发展”的办学理念，坚持科学发展、协调发展和创新发展，努力构建发展教育模式，在广东省乃至全国的教育教学改革中发挥引领和示范作用，成为一所“有文化底蕴，有个性特色，有品牌优势”的名校。如今，学校进入又一个五年发展时期，这一时期必将是学校全新的发展时期。为此，在贯彻教育部《面向二十一世纪教育振兴行动计划》、《基础教育课程改革纲要》和东莞市委市政府关于《创建教育强市加快教育现代化建设的决定》的精神下，结合学校实际情况，特制定学校2005~2010年发展规划，保障学校获得更高的发展。

第一部分　总目标

一、背景分析

东莞中学创建于1902年，1950年定名为东莞中学至今。一百年来，学校为国家、社会培养了大批优秀人才。爱国将领蒋光鼐、著名学者容庚、中国工程院院士毛炳权和何镜堂、新浪网首任总裁王志东等均曾在东莞中学就读。

在一百多年来的办学历程中，尤其是新时期以来，学校取得了辉煌的成就，为学校进一步发展奠定了坚实基础。

1. 学校办学理念先进，办学目标明确，办学特色鲜明

在长期的办学实践中，东莞中学逐步确立了自己的办学理念——“自主，和谐，共同发展”。自主、和谐，即让师生在教育生态平衡中，自主学习，自主调节。共同发展，即学校引导师生在自主、和谐发展的基础上将自己的成长和学校的发展结合起来，师生共度生命历程，成为学习型、发展型的人。

学校的办学目标是将我校办成与社会发展相适应的，能与世界先进教育对话的国内一流的学校。学校的教育与时代的发展同步，与社会的发展相适应，通过交流、了解、合作，掌握先进的教育信息，在与世界先进教育接轨的过程中，发展并完善自己，进而成为国内一流的学校。

教育生态平衡是我校鲜明的办学特色。学校用生态平衡的观点理解、认识教育。因为在自然界中，一切生物都是在相互联系、相互依存中通过自然调节达到发展平衡的。学校用教育生态平衡的理念指导教育，就是把教育放在整个生态系统中，通过自我调节，使学校的教育在一切与之相联系的关系中，相互促进，达到和谐统一，进而获得发展。

2. 有百年办学的文化积淀和优良传统

作为一所建于1902年的百年老校，学校有着悠久的历史、深厚的文化积淀和丰富的校友资源。在百年校庆前编辑出版的“百年校庆丛书”，为后世的莞中人留下了一笔宝贵的精神、文化财富。学校辑录了自建校以来的四万多名莞中师生的姓名，将它们镌刻镶嵌在学校围墙内侧，成为凝聚莞中人精神的“校友墙”。

3. 学校拥有一支高素质的专业化教师队伍

现有专任教师 193 人，本科以上学历 185 人，其中研究生学历 9 人；中级以上职称 126 人，其中高级教师 57 人。

4. 教育质量得到政府和社会的充分肯定

近五年来，高考升学率均在 97% 以上，2168 人考入本科，其中 1229 人考入重点本科，20 人考入清华大学和北京大学。汤宇翀同学在 2003 年高考中获省高考总分状元。在各级各类竞赛中，获奖的有：国家级 282 人次，省级 264 人次，市级 622 人次。骄人的办学成就，使东莞中学赢得了东莞人民的高度赞誉，得到了社会的充分认可。1992 年被编入由国家教委编辑的《中国名校（中学卷）》，1994 年被评为广东省一级学校，1997 年被评为省先进集体、省文明单位，2000 年获"广东省青少年科技活动先进集体"称号，2001 年被定为全国现代教育技术实验学校，同年还被评为全国群众体育先进单位，2003 年被评为全国绿色学校，2004 年被定为广东省新课程实验样本学校，同年被评为省特级档案综合管理单位，多次获东莞市文明单位标兵等市级荣誉称号。

5. 学校办学条件优良

学校占地面积 66670 平方米，现有建筑面积 58944 平方米。校园幽静的办公教学区与宽敞的运动生活区相映成趣，百年的历史积淀使校园内处处洋溢着深厚浓郁的人文气息。学校新建成了建筑面积达 5500 平方米的现代化体育馆，还建有高标准的网球场、篮球场、排球场、足球场等室外体育设施。教室、实验室、语音室、多媒体电教室配备了先进的教学设备，千兆校园网将校内全部电脑联为一体，实现了教学与办公的现代化。

但是，与满足广大市民日益增长的优质教育需求相比，与基本实现教育现代化的目标相比，与东莞市城市发展规划的定位相比，学校还存在一些问题，主要表现在：

（1）学校硬件与国家级示范性高中要求还有一定差距。由于近年办学规模不断扩大，校园基建进度相对滞后，导致教室、实验室等设施不能满足实际需要。

（2）教师教学理念、教学方式、外语水平等专业素养与高中新课程改革要求、与培养拔尖创新人才和高素质专门人才要求还有一定差距。

（3）分类分层教学、网络教学、教师自我发展等教育教学改革还在进行之中，校风、教风、学风等生态环境有待进一步优化。

（4）学校决策、执行、监督管理体系与现代学校发展要求尚有差距，课程实施和管理制度与新课程改革要求也还有一定距离。

面向新世纪，东莞中学面临重要战略机遇期：首先，国家建设示范性高中、新课改全面展开、现代学校制度试验日益扩大，为东莞中学发展注入了新的活力，创造了新的机遇；其次，东莞社会将由初步小康社会进入富裕小康社会，实施文化名城战略，并在教育强市基础上努力建设高水平学习型社会，极大地拓展了东莞中学的发展空间。

面对机遇与挑战，东莞中学必须适时调整发展战略：以改革增创发展新能力、拓宽发展新空间、构筑发展新环境，实现跨越式发展。

二、学校发展的目标和战略举措

继续坚持“对每一位学生的终身发展负责”的办学宗旨，继续坚持“自主、和谐、共同发展”的办学理念，继续坚持“情感、意志、性格和谐发展，德、智、体、美、劳全面发展”的学生培养目标，继续坚持造就研究型、专业化的教师队伍的教师发展目标，继续引领东莞教育改革的方向，在新一轮发展中不断规范、不断完善、不断创新我校的“教育生态平衡”模式，实现跨越式发展，把学校建设成一所现代化、学习型的示范学校，早日实现“与社会发展相适应的、能与世界先进教育对话的国内一流学校”的办学总目标。

学校教育与社会发展相适应包括两方面的意义：一方面是学校的教育要适应社会发展对人的素质的要求，即要求在社会发展目标的引导下，通过学校教育，使学生初步具有适应社会发展需要的现代公民意识和能力。另一方面是学校教育要适应社会科学技术的发展，依托现代信息技术平台的支持，走出狭隘的时空，融入到资源丰富、互动合作的大学习环境，建立符合现代社会特征的新教育方式。

与世界先进教育对话，是将学校发展置于世界大教育的背景下进行思考，扩大教育的观察视野和交流范围，使学校办学思想和教育方式与世界先进教育接轨，从而取得一种资格，能在一个较高水准的平台上，与现代世界先进教育形成沟通与交融。

为此，我校制定以下战略措施：

1. 制度完善工程

向管理要质量，健全和完善各项管理制度和运行机制，让学校有序地步入制度化、科学化、人性化的发展轨道。

（1）完善评聘分开、以岗定酬、绩效挂钩、优教优酬、优劳优酬、优管优酬机制，完善学校激励机制，让责、权、利相统一，付出和获取相对称，最大限度地调动教职工的积极性，激发教职工的内创力。

（2）明确学校质量管理的目标与责任；围绕学校教学中心优化岗位设置，形成职责明确、协调顺畅的岗位体系；形成纵向衔接、横向贯通的工作流程；建立科学、明确的工作责任标准，把学校质量落实到每个岗位、落实到每个人员、落实到日常工作之中。

（3）规范对外宣传制度，加大对外宣传力度，积极“链接”国家的主流新闻媒体。

（4）强化民主监督制度，进一步发挥教代会、学代会参与学校管理的功能。进一步完善校园网络管理平台，使学校管理更为透明、高效。

2. 教师发展工程

完善校本教研制度，加快东莞中学教师自我发展学校的建设，实施教师专业化发展工程，使学校成为师生共同成长发展的学习型组织。建设一支人员精干、结构优化、素质优良、富有活力的高水平教师队伍和管理队伍，培养一批名师，让学校可持续、跨越式发展。

（1）抓好行政的廉洁自律工作，强化师德建设工作，努力提升教师队伍的思想水平，力争成为全省师德的楷模，同心同德，办好人民满意的学校。

（2）选拔一批德才兼备，热爱管理工作的优秀中青年教师作为学校管理人员培养，充实各级管理队伍，让管理队伍不断地知识化、专业化、年轻化，形成合理梯队。

（3）加大建设东莞中学教师自我发展学校的力度，促进教师的专业发展。

（4）成立学校学术委员会，以有效地促进教师的学术研究。

（5）实施学科带头人制度，规范骨干教师评聘机制。

（6）大力培养名师，支持教师在职攻读研究生课程或硕士学位；选派教师到境外接受培训；培养国家级或省、市级青年骨干教师；培养省、市级优秀班主任。

（7）利用学校一流的设施，开展丰富多彩的文体活动，全面展示教职工的才艺，充分愉悦教职工的身心。

3. 课程改革工程

坚持教学兴校、科研强校方针，进一步加大课程改革的力度，构建一个充满生机活力，适应学生全面发展、特长发展和创造性发展的教学体系，为实现培养目标提供有效的载体和手段。

（1）规范教学管理，加强制度创新，建立和完善一套与新课程相适应的教学管理制度，包括课程开发和课程评价制度、选修课学生管理和成绩评价制度、教师教学管理和教师教学绩效考核制度、校本教研和教师继续教育制度、课程资源的开发和共享制度等，出版教学管理专著，为高中课程改革背景下的现代学校教学管理提供经验。

（2）大力加强学科建设，打造强势学科，提升发展学科，扶持薄弱学科，力争2～3个学科组成为省内和国内的优秀学科组；坚持稳步推进、适度超前的原则进行教学改革和课程改革，继续引领全市的新课程改革。

（3）建立校本课程开发小组，制定校本课程开发规划，分阶段、分学科、分专题开发具有学校特色的校本课程。校本课程开发实行教师申报、学校立项、专家评审、学生试用的办法。开发10门左右的校本课程，正式出版校本教材，初步建立起学生选修课程体系。

4. 素质提升工程

积极探索新形势下德育、学科教育、艺术教育的新途径，努力提高全体学生的综合素质。

（1）进一步贯彻落实《中学德育大纲》、《公民道德建设实施纲要》、《中共中央、国务院关于进一步改进和加强未成年人思想道德建设的若干意见》等文件精神，围绕学校的办学宗旨和办学理念，同时结合时代发展的现实需要，继续将以“爱国守法，诚信知礼”为核心内容的德育摆在学校工作首位，进一步完善学校的德育管理，优化学校的德育环境，提升德育工作的整体质量。

（2）以“德育实效”作为德育工作的实施原则和追求目标，以德育课程为载体，有效促进学生“品德内化”的德育模式，有效地激活学生的内驱力和道德需求，从他律到自律，从自律到自育，实现品德内化，达到人格自我发展、自我完善的境界。

（3）加强心理健康教育，增加相关人员配备，成立心理健康教研组，开设心理健康、生涯规划等相关课程；加强心理咨询室的建设，完善心理辅导制度。

（4）继续贯彻质量和效益相统一的方针，把提高教学质量和效益摆在突出位置，努力巩固，不断扩大高考成果。不断研究高考，积极应对高考，确保高考升学重点率、高分率、名校率在全市的领先地位，升入名牌大学的学生人数每年都有新的增长，力争每年考取清华、北大的学生人数保持在全省的前列。

（5）努力完善学校学科竞赛制度，保持学校优势项目，加强薄弱学科竞赛辅导的力度，在各级学科竞赛中确保在全市的领先地位，并进入全省前列。

5. 文化培育工程

文化性是学校的重要特性，是其生命力的重要根源。一流学校必然有一流的校园文化。学校必须立足本土文化、继承传统文化、学习先进文化，把学校建设成为时代精神的家园。传承、汇聚先进文明，营造、发展新的精神生活，形成健康的精神生态环境，使东莞中学成为人人向往和敬重的文化高地。

（1）传承、发扬学校的百年文化积淀和优秀传统，继续对学校文化传统进行梳理，同时根据时代的变化，赋予新的文化内涵。

（2）培育高端精品文化，倡导经典阅读活动。学校制定经典阅读书目，鼓励、指导学生开展经典著作阅读报告会、讨论会等活动，引导学生尊重经典、亲近经典、理解经典。

（3）实施学校 CIS 规划工程，以更生动的时代形式反映学校优良传统和办学理念，反映学校开拓、创新、高要求、跨跃式发展的精神追求。

（4）继续加强学校现有的校园文化建设项目，加强对体育、艺术特长生的培养，提升学校艺术节、体育节、科技节的质量和品位。

6. 特色示范工程

在巩固优势、发挥辐射作用的基础上，为突出学校的示范性，未来五年，学校将重点抓好英语教育、信息教育、科技创新、学校社团和人文教育五个特色工程的建设。

（1）巩固东莞中学在东莞基础教育中的领先地位，使学校的优质教育资源最大限度地服务于社会，满足学生、家长、社会的需求。

（2）率先实现教育现代化，带动和促进周边学校发展；加强对韶关曲江中学、东莞塘厦中学等对口帮扶学校的人员、智力、资金的支持，发挥学校的示范辐射作用。

（3）继续帮助办好东莞中学初中部和东莞中学松山湖学校，打造东莞中学教育品牌。

（4）广泛开展英语课程教学实验，继续推动英语教育特色学校工作，在抓好英语常规教学的基础上，重点抓好英语应用教育，特别是英语交际能力的培养。

（5）借助东莞的 IT 产业优势，加强学校信息技术教育，巩固我校在中学生信息奥林匹克竞赛上的领先地位；加大学校教育信息化建设力度，完善学校主页和各部门专题网站建设，充实教育资源库；进一步探索信息技术与学科课程的整合，全面提高教育质量，以教育信息化促进教育现代化。

（6）加强学校社团建设，优化特长生培养、训练条件。加强学校足球队、篮球队、排球队等球类竞技项目的建设，提升学校合唱团、文学社、话剧社等文艺社团的质量，使它们成为学校面向全国和世界的品牌队伍，使东莞中学成为体育和艺术高级人才的摇篮。

（7）培养学生科技创新意识，瞄准全国中学生发明创造大赛、Intel 工程科技大赛等国内外重大比赛，加强学生科技制作与发明的辅导工作，建立参赛学生发现和选拔制度，实行主教练负责制，建立针对各类竞赛的专用活动室、资料室、实验室，配备一流设施，力争使科技创造发明大赛人数逐年增加。

（8）设立学校人文教育工作室，制订学校人文教育计划，系统开设人文选修课，通过人文著作导读、人文讲座等途径，普及人文知识，提高人文精神素养，使之成为学校发展新特色。

7. 后勤优化工程

根据新课程改革建立具备现代化意义的后勤保障系统，提供良好的校园环境和办学条件，引进信息化管理技术，提高工作效率，为学校提供持续发展的坚实基础，提供强有力的后勤保障。

（1）加大校园硬件建设投入力度，更新或添置各种硬件设施和设备，落实绿色校园的规划建设，奠定学校现代化办学的物质基础。

（2）探索学校后勤社会化工作，加快学校后勤社会化的进程，引领和示范全省中学的后勤工作。

（3）提高资源使用效率，改善师生整体生活环境，提高集体福利。

（4）强化安全意识，杜绝重特大安全事故，增强服务意识，不断提高服务质量。

三、实现目标的保障措施

（1）加强学校党组织建设和领导班子建设。认真学习新党章，坚持领导集体学习制度和重大事情集体决策制度，加强作风建设，与时俱进，充分发挥共产党员的先锋模范作用，激励全体教职员工为实现规划目标奋斗。

（2）发挥民主党派的积极作用，为学校发展积极进言献策。

（3）聘请上级部门领导及知名专家，共同组成学校发展顾问委员会，为学校发展发挥咨询顾问作用。

（4）保障办学经费，提高资源使用效率。学校财政性经费增长、生均教育经费增长不低于全市平均增长水平；将学校重大建设项目列入市教育发展规划；加强学校办学成本研究，制定各类资源配置标准，实现教育资源合理投入、科学配置、高效使用。

（5）加大规划执行力度，制订规划执行的年度推进计划，对计划执行情况进行年度自评，并把自评情况向全体教职工公布，及时解决规划执行中存在的问题。

（6）聘请市教育督导部门、社会专业人士，共同组成规划执行评估小组，对规划执行情况进行中期评估，评估执行情况除向全体教职工公布外，也报告市教育行政部门。

第二部分　分目标

德　育

一、德育工作目标

1. 德育工作的建设目标

（1）转变和更新德育理念，提高德育的实效性。

德育工作必须跟上时代发展的需要，做到与时俱进，在原有成功经验的基础上不断更新德育观念，改进和完善德育工作方式，大力提升德育的实效性。

（2）进一步完善德育管理制度，强化德育管理功能，整体提升德育管理水平。

在巩固和完善制度化、规范化的基础上，进一步推进管理的人文化，致力于构建无形的文化熏陶氛围，营造具有浓郁人文关怀色彩的软德育模式，从而强化德育的育人功能，整体提升德育的管理水平。

（3）加强师德教育，造就一支兼具现代文明素质和传统文化底蕴的教师队伍。

严格把好新教师的招聘关，引进品德高尚、教学素质过硬的教师；加强师德理论学习和实践经验交流；进一步提升班主任培训工作的质量；成立德育工作研究小组，指导德育工作实践和研究；邀请相关的专家学者和名师来校举办讲座、报告会和研讨会；提倡阅读中国传统文化优秀经典著作，增强全体教职工队伍的传统文化底蕴。

（4）在原有基础上构建更好的德育环境，营造更好的德育氛围。

在以下几个方面营造更好的德育文化氛围：校园环境建设趋向质朴、典雅和精致；注重传统美德的发扬和现代公民意识的塑造；提倡严谨、务实的品格，鼓励创新思想和创新实践。

（5）扩大我校德育工作的社会影响力和辐射力，把我校的德育功能扩展到家庭、社区乃至全市。

充分发挥我校优势和潜能，通过学校的德育网、家校网和其他平台，加强家校德育互动，扩大德育影响力和辐射力，把莞中精神和莞中人的道德情操、品格风范带到社会中去，使学校良好的道德风范和精神品质进入家庭、社区乃至全市。

2. 德育工作的育人目标

依据学校的“对每一位学生的终身发展负责”的办学宗旨和“自主，和谐，共同发展”的办学理念，学校致力于培养“爱国，守法，诚信，知礼”的现代公民。

（1）学生的培养目标。

①培养具有强烈爱国主义和民族精神的人。

强化爱国主义思想教育，弘扬民族精神，增强民族自尊心、自豪感。结合现代公民教育，全面提高学生的思想道德素质，让热爱祖国、遵纪守法、诚实守信、知书达礼成为每个学生自觉遵守的道德准则和行为规范，使学生成为具有崇高的理想信念、高尚的道德情操和良好的行为习惯的现代新人，为做合格的现代化事业接班人打下坚实的基础。

②培养传统美德和现代素质相统一的人。

大力提倡传统美德的教育，培养具有“君子人格”品学兼优的学生；加强现代思想文化教育，培养具有独立人格、自主意识、竞争精神、民主观念、创新能力的适应现代社会发展需要的现代人。

③培养人格自主和社会责任感相协调的人。

通过切实有效的思想政治教育和德育实践活动对全体学生加强集体主义教育，培养为他人服务、为社会奉献的道德情操，增强全体学生的个人道德感和社会责任感。

④培养心灵美丽与体质健康相结合的人。

培养学生具有善良之心、悲悯之心，关怀生命、关爱自然之心，培养学生具有追求和创造美好生活之理想和愿望，具有满怀爱心和热情的生活态度。与此同时，鼓励并创造条件让学生多运动多锻炼，使学生具备强健的体魄。

⑤培养具有自觉反思意识和终身学习习惯的人。

在德育过程中注重不断培养起学生的自我反省意识，并在这个基础上，逐步帮助学生树立终身学习的观念，培养学生终身学习的习惯。

（2）教师的发展目标。

进一步加强师德教育，通过教师之间的互相学习交流，通过教师之间的互相影响和帮助，通过学生与教师的相互感染，使教师在教育教学的过程中做到育人育己，成为精神世界越来越丰富的人，成为在工作和生活中感到幸福的人。

①使教师成为精神世界丰富的人。

采取多项措施鼓励教师不断自主学习，除注重专业学习外，特别加强人文、艺术、哲学等领域的学习，提升教师自身的人格素养和道德情怀，使教师成为精神世界丰富的人。此外，通过举办高质量的人文讲座来提升教师的精神格调，通过组织高品位的文化艺术活动来提升教师的审美情操。

②使教师成为工作、生活幸福的人。

针对教师工作量多、心理压力大的现状，采取各种措施减轻教师的工作负担和心理压力，使教师在工作中感到快乐，在工作之余的生活中享受到幸福。一方面在物质上要给以充分保障，合理调整并提高待遇。另一方面要组织多种康乐体育活动，舒缓教师的心理压力，增强教师的身心健康。

二、完成目标的举措

1. 完善德育管理制度，提高德育管理的效率和实效性

进一步完善德育管理制度，提高德育管理效率，抓好德育工作的落实，提升德育的实效性。

（1）完善德育工作的领导体制。实行校长负责的德育工作领导体制，完善以校长为首，政教处总体规划，年级组织实施，班主任具体落实的德育工作系统。

（2）制定并完善德育工作章程，编写德育工作手册，制定德育工作管理细则，使德育工作做到有章可循、有规可依。确保考核、奖惩制度以及条例、评估制度的落实。

（3）提高德育工作的研究水平。成立德育工作研究小组，加强德育工作的实践研究和理论指导。

（4）完善德育工作的培训体制和服务体制。校内培训与校外培训相结合，在职培训与脱产培训相协调。

（5）加强对学生团委会的指导、管理，提高学生的自我教育、自我管理的能力。

（6）推行公开班会观摩学习制度，落实好班会的主题教育。

2. 加强德育队伍的建设，打造高素质的德育队伍

从制度化、专业化、系统化、人文化四个方面打造高素质的德育队伍。

（1）德育培训制度化。制定德育培训手册，规范培训形式，丰富培训内容，提高培训质量。定期开好班主任经验交流会。把新教师的德育培训定为教师培训中的重点内容来抓，进一步落实好“学校—科组—级组”的立体培训机制。

（2）德育工作专业化。加强德育理论的学习，提升全体教师德育工作的理论水平，用先进的教育理念指导德育实践和管理；成立德育工作研究小组，指导德育工作的理论研究、实践研究，并注重做好个案跟踪研究，德育研究与德育教育同时进行；根据实际的德育问题定出主题，定期开办好德育工作研讨会；收集整理德育材料，编撰德育论文成果，出版德育研究专著或论文集。

（3）德育管理系统化。注重学校、家庭、社区、社会相互配合，进一

步发挥教师之间、师生之间、生生之间相互影响的作用。

（4）德育方式人文化。进一步提升德育队伍的人文素质，把尊重人格、关怀生命、关爱自然等核心理念融入到全体教师的思想里，把理性的批判精神、社会的责任感意识深深根植于全体教师的心灵中；构建学习型学校，鼓励和提倡全体教职工努力学习，做好学习动员工作，兴起学习热潮，营造起全校教职工共同学习的良好氛围。

3. 提高学生德育工作的质量，更好地为学生全面发展和终身发展服务

（1）在规范化、制度化管理的基础上进一步注重心灵的教化。针对过去德育工作重管理而少"化育"的弊端，在强化科学化、规范化、制度化的管理监督基础上，更注重于心灵上的教化。

（2）在生活中进一步加强对学生日常行为习惯的培养。摒弃德育的形式主义，注重在日常生活和日常行为中加大对学生的潜移默化作用，帮助学生树立良好的生活态度和行为习惯。

（3）加强德育工作与学生生活实践相结合。进一步发挥学校各种德育资源的作用；协助学生义工队伍到社会上进行公益服务；组织好社会实践活动，让学生在具体的生活实践中提升道德情操；鼓励教师参与学生义工队伍活动，和学生们共同参与实践，共同参与服务。

（4）进一步加强传统美德和现代公民意识教育。加强传统美德教育，传承和发扬中华民族的优秀文化精神。特别注重对学生进行刚健有为的精神的培养，塑造学生的"君子人格"。加大力度培养学生的现代素质，落实现代公民素质教育，增强学生的爱国、守法、诚信、知礼等现代公民理念。

（5）坚定不移地长期抓好生命安全教育和法制教育。增强学生生命健康意识，做好防火、防盗、公共交通秩序、社会实践活动等安全知识的宣传教育。举办禁毒、拒毒、打黄、扫非等专项法制宣传展览和教育报告会。

（6）进一步加强环保教育，增强学生环保意识。开展绿色教育，通过各种形式加大环保宣传力度，支持并协助环保志愿者组织开展活动，增强学生的环保意识，养成学生良好的环保行为习惯。

（7）做好学生的心理辅导工作，提高学生的心理健康素质。增加人员配备，完善"怡心室"的工作；加强心理健康课程建设；针对不同年龄阶段学生的心理特征开展系列化、常规化的心理辅导讲座。

（8）做好学生成长跟踪管理工作。构建学生成长记录系统，完善学生德育档案管理，使其合理化和规范化，更好地发挥它们的功效和价值。加强班主任对学生成长的跟踪培养，加强与家长的沟通，注重处理好家长所反馈的问题。

（9）特别加大对学习困难生、思想困惑生的关注和帮扶力度。特别善待学习困难生和思想困惑生，注意关怀他们内心中敏感而脆弱的情感世界。建立学习困难生和思想困惑生成长档案，实施跟踪培养教育。

（10）开展好系列主题班会，让班会成为德育工作的有效课堂。由政教处、各年级和各班级根据实际情况设计好系列班会主题，按照贴近学生、贴近生活、贴近实际的原则，有计划地组织由教师从旁协助、学生自主设计、师生共同参与的系列主题班会活动，提高班会德育的实效性。

（11）注重学生干部队伍的建设，构建学生干部培训制度。完善学生干部培养机制，落实“学校—年级—班级”的学生干部三级培训制度。进一步优化校团委学生会干部的培养方法。

（12）进一步开发利用德育资源。深入挖掘并大力发扬我校的文化精神，充分开发利用好校内资源，进一步发挥“两台一讲一评”的教育作用。“两台”即学生广播电台、学生电视台：贴近学生、自主管理、自我教育；“一讲”即国旗下讲话：教化心灵、润物无声；“一评”即小评论：联系实际、针砭时弊。同时要进一步开发和利用校外资源，为我校德育工作服务。与科学馆、博物馆、图书馆、青少年活动中心等文化单位建立良好的合作关系，向学生提供实践和服务的平台。利用好爱国主义教育基地，加强对全体学生进行爱国主义教育。

4. 丰富校园文化建设的德育内容，提升校园文化的德育功能

（1）整理和总结校园文化的精神传统，发挥校园文化的德育功能。把校园文化建设列为一项课题来研究，在梳理和总结我校校园文化精神的基础上，结合新的时代特征进一步传承和发扬我校校园文化的精神传统，更好地发挥其德育功能。

（2）加大对学校社团的建设发展的扶持力度。加强对学生社团的组织和建设工作，创建更好的环境和平台协助学生社团开展各类活动。充实学生社团活动经费，保障社团活动的资金。

（3）继续办好艺术节、科技节、体育节，进一步提升文化节日的品位和质量，让学生的道德情操在体艺之美中得以升华。精心组织策划，多出精品节目，扩大规模和影响力，进一步提高品位和质量。进一步发挥各类学生社团的作用，更充分展示特长生的才华。邀请著名艺术团体到学校举办专场演出。

（4）编撰出版校园文化活动成果。把校本课程建设更好地与学生社团活动相结合起来，做好校园文化相关的资料收集、整理工作，把校园文化的活动成果结集出版。

三、完善德育评价体制

完善德育的评价机制，包括对学生的道德评价和对教师在德育工作方面的评价。

1. 对学生的道德评价

（1）注重精神的关怀和奖励，多采用表扬和赞赏的方式来进行道德评价。

（2）发挥学生自评、互评的民主评价作用。

（3）完善学生成长记录系统和德育档案袋，加强过程评价。

2. 对教师的德育工作评价

（1）进一步落实和贯彻好评价原则。注重过程与结果相结合的评价；建立多维度的评价方式；加强评价的激励作用；实行公开化、民主化的评价方式；组织学生代表和家长代表座谈会；要适当重视并参考学生和家长的意见，把学生和家长的意见纳入到评价体系中。

（2）制定关于德育工作评价的具体方法和细则。制定科学可行的评价量表，根据不同的内容和指标实行量化考核。严格按照自评、组评和校评的程序进行评估。把是否严格履行职责和是否取得良好的教育效果作为定性的评估标准，并严格贯彻落实好这一标准。

教　学

一、教学工作目标

（1）规范教学管理，加强制度创新，建立和完善一套与新课程相适应的教学管理制度，包括课程开发和课程评价制度、选修课学生管理和成绩评价制度、教师教学管理和教师教学绩效考核制度、校本教研和教师继续教育制度、课程资源的开发和共享制度等。出版一本教学管理专著，为高中课程改革背景下的现代学校教学管理提供经验。

（2）构建教师自我发展学校，引导教师将个人成就与学校发展结合起来，实现学生、教师和学校的共同发展。大力培养名师，支持50名左右教师在职攻读研究生课程或硕士学位；选派10人左右到境外接受培训；培养10名左右国家级或省、市级青年骨干教师；培养10名左右省、市级优秀班主任。

（3）大力加强学科建设，打造强势学科，提升发展学科，扶持薄弱学科，力争2～3个学科组成为省内和国内的优秀学科组；坚持稳步推进、适度超前的原则进行教学改革和课程改革，继续引领全市的新课程改革。

（4）继续贯彻质量和效益相统一的方针，把提高教学质量和效益摆在突出位置，努力巩固，不断扩大高考成果。不断研究高考，积极应对高考，确保高考升学重点率、高分率、名校率在全市的领先地位，升入名牌大学的学生人数每年都有新的增长，力争每年考取清华、北大的学生人数保持在全省的前列。

二、完成目标的举措

1. 促进教师专业化发展

（1）实施名师工程，打造名师队伍。

在建设优秀教师群体的基础上，建立名师成长档案，制订和落实《东莞中学名师培养计划》，营造名师成长的良好氛围，使“名师”脱颖而出。培养一批教育教学骨干，使他们成为高水平的学科带头人和有较大影响的教书育人专家。造就一批省、市乃至全国有一定知名度的教师。形成一支具有现代教育思想和人文精神，师德高尚，业务精湛，不断进取，熟练掌握现代教育技术和手段的教师群体。使80%以上的教师达到同类学校教育教学骨干水平；20%以上的教师达到省、市学科带头人水平；10%的教师成为省、市知名度较高、有教育教学理论的学科教学或教育管理的教育专家；发挥学科带头人和骨干教师在省、市教育教学改革中的示范作用。

（2）建设东莞中学教师自我发展学校。

①建立“东莞中学教师专业发展委员会”。东莞中学教师专业发展委员会由校长担任委员会主任，它的主要工作职能是统领“东莞中学教师自我发展学校”的运作，完善教师队伍结构，加强教师队伍建设，总结推广教师专业发展的成功经验，评估学校师资的发展经验和突出问题，审议重大的行动计划和实施策略，对学校的师资建设提供政策咨询建议，制定和

落实教师自我发展规划及制度，对教师自我发展提供专业指导并评估考核。

②完善和落实教师自我发展学校的管理制度。第一，制定和完善《东莞中学教师自我发展学校章程》、《东莞中学教师自我发展规划》、《东莞中学教师自我发展学校实施条例》、《东莞中学教师自我发展学校评估细则》；第二，建立班级管理组、师生健康发展组、教育教学科研组、先进思想和经验推广组、语言技巧研究组、信息技术组、教育理论学习组等专题研发小组，并由东莞中学教师专业发展委员会定期评估、指导各专题研发小组的工作；第三，编写《教师自我发展大纲》，指导教师自我发展方向；第四，编制《东莞中学教师发展日志》、《东莞中学班主任日志》《教师自我发展评价表》，建立教师自我检测、自我调控、自我反思和自我超越机制。

③东莞中学教师自我发展学校的运作。第一，每学年初，东莞中学教师专业发展委员会应根据教育发展要求和学校学年工作计划制定本学年教师发展的基本要求和目标；第二，教师根据学校的发展要求和自身实际情况制定教师学年自我发展规划，规划包括自我诊断、学习需求、个人发展目标和行动计划。个人发展目标包括短期目标和发展性目标；第三，东莞中学教师专业发展委员会应认真分析每位教师的学习需求和自我发展规划，将拟开设的课程专题制作为菜单式的内容供教师自主选择；第四，东莞中学教师专业发展委员会根据教师选择情况确定专题组的规模、形式、学习内容、学习时间和指导教师；第五，教师按照学习目标要求参加集中学习、自学自练课程内容，进行实践检验。教师应以自主学习、独立研修为主，参加专题组组织的各种学习活动，按时完成自己的学习任务。积极对自己的教育教学实践活动进行反思。按时填写《东莞中学教师发展日志》、《东莞中学班主任日志》的相关内容，并及时在校园网站上上传、下载，动态交流；第六，东莞中学教师专业发展委员会根据实际情况和需要，组织检查、指导，提供学习资源，构建教师发展成果展示平台。针对学习中的实际情况和教师的需要，购置教育理论书籍、新课程改革丛书、音像、光盘等资源。构建展示平台，定期编辑《莞中教研活页》，展示教师的优秀案例、课例、优秀论文等；举办教师论坛，由教师自己主持主讲；举行研究课活动等；第七，教师适时对照学习目标进行自我检测，自我调控，在阶段学习或学年结束后进行自我评价，填写《教师自我发展评价表》，提交相关学习成果。学习

成果可以包括案例、课件、网络资源、论文、课题申报书、调查报告、读书笔记、教学反思笔记、主讲一次教师论坛，等等；第八，东莞中学教师专业发展委员会根据教师提交的成果和学习过程中的表现，进行结果评价和过程评价，认定相应学分，将相关情况记录归档。教师对每一阶段的学习情况要及时总结，自我反思，取得阶段成果后，要适应新的需求，朝着新的学习目标努力。东莞中学教师自我发展学校委员会认真分析每位教师的学习得失和自身工作得失，及时进行调查研究，了解教师新的需求，积极引领和激励教师争取更高层次的发展目标。

（3）开展课题研究，促进教师持续发展。

①健全学校的课题管理制度。第一，成立学校学术委员会，以保证学校学术研究的有序运作，有效地促进教师的学术研究，强化学校的学术氛围；第二，根据教育改革和学校发展的需要，制定《东莞中学课题指南》，完善学校课题的申报、评审、立项、经费、奖励、过程管理和成果归档的管理办法。建立由学校、教科室和科组构成的二级课题管理网络，凡具前瞻性的、有创新价值的研究课题，经学校学术委员会评审，可以确立为学校重点项目；凡独立主持市级及其以上课题（或分课题）研究任务的，都可享受校内重点课题的经费资助。

②重点开展四个方面的改革研究。第一，在总结学校已有教改经验的基础上，以现代的视域和全球的眼光予以重新审视，在分析和比较的基础上选择有时代精神的教育教学理念开展再设计、再实验；第二，全面推进以课程实施为重点的课程改革研究，注重课程改革整体布局的协调性，探索自然学科、人文和社会学科、体育和艺术等不同学科领域的思维特点和规律；第三，开展现代信息技术的应用研究，在多媒体辅助教学、信息技术与课程内容整合、学生学习方式的转变等方面开展研究与探索；第四，依据学生生理、心理发展的特征和规律，加强课程和教学的纵向整合，寻求德育、课程、教学和心理服务等方面的最佳方法和途径。

③开展教育科研的教师全员培训。根据学科教师特点和工作需要，编制东莞中学教师继续教育的必修书目和杂志目录。聘请教育教学科研专家到学校开展专题辅导和培训，对教师的教育教学科研开展个性化指导，开展教育研究方法的普及性培训，使每一位教师都能掌握最基本的科研方法。鼓励教师每学年精读一本教育专著、参与一个科研课题、上一节高质量的研究课、撰写一篇教学论文。

2. 构建结构合理的现代课程框架

（1）课程建设的目标。

构建新的课程框架，基础型课程与拓展课程、研究型课程的总体课时比例更趋于科学合理，并随着年级的提高而增加拓展课程、研究型课程的课时比例，课程实施学分制管理。利用我校独特的地理环境优势和良好的师资条件，大力加强外语、信息技术资源的开发、利用，办出我校的特色，在区域乃至全国真正起到示范的作用。

（2）构建合理的课程框架。

新的课程结构在课改精神指导下，由基础型课程、拓展型课程和研究型课程构成，三类课程分块教学，相互渗透，互相促进。通过培养学生基础性学力、发展性学力、创造性学力，形成完整的总体学力。

通过五年的努力，逐步形成有利于学生自主发展的、符合我校实际情况的新的课程结构框架，鼓励教师依据东莞和学校特点开发校本课程。拓展型课程的开设每年级不少于 10 门科目，研究型课程在各个年级全面展开。

（3）利用有利条件，打造特色课程。

①基础型课程：

外语：要针对我校地处珠江三角洲开放前沿和与国际经济文化交流频繁的现实，广泛开展英语课程教学实验，扩大英语教学的对外交流与合作，推动英语教学的改革和发展，继续推动英语教学特色学校工作，大力加强口语和交际语言的训练，逐步实现班级口语课的开设和日常口语交流的目标，使我校学生的外语综合应用能力有一个质的飞跃。

信息技术：充分利用东莞作为世界 IT 产业基地的独特优势，强化我校信息技术学科在全市乃至全省的传统优势，在保证每位学生从高一开始就熟练掌握计算机操作的基本技能的基础上，开发计算机程序和校本网络课程，选修程序编制科目，鼓励学生运用现代信息技术，整合课程内容，优化学习方式。

②拓展型课程：

人文类：整合和利用我校人文学科教师资源，注重人文研究方法，通过人文著作导读、人文讲座、演讲辩论赛、书画比赛、音乐欣赏等途径，普及人文知识，提高人文精神素养。

体育类：继续强化排球、篮球、足球在东莞的优势，推动体育运动的开展，打造高水平运动队。

（4）完善课程管理制度。

①成立学校校本课程、选修课程开发小组，组织教研力量从课程目标、结构、内容、实施、评价等方面制订《校本课程开发和建设工作方案》、《东莞中学综合实践活动课程指南》、《东莞中学拓展型课程指南》、《东莞中学学生选课指导手册》，确立与各学科相应的拓展课程目标、内容，研制符合现代教育发展、具有我校特色的校本教材、综合实践活动课程。

建立鼓励教师积极参与学校课程研发的激励机制，开发教师的潜能和创造性，使每一个学科教师都有符合课程需要的研究课题。

②完善学校学科竞赛制度，制定《东莞中学学科竞赛条例》，确保学科竞赛在全市的领先地位，并进入全省前列。

③设立学校人文教育工作室，制订学校人文教育计划，系统开设人文选修课，通过人文著作导读、人文讲座等途径，普及人文知识，提高人文精神素养，使之成为学校发展新特色。

④完善学分制管理系统，建设学分制管理信息平台，对课程实行学分管理，在此基础上制定《东莞中学课程管理办法》。

⑤调整课时，参照国家的课时总量规定，根据学生需要和学校的实际，设置不同时间的大小课时，全程安排学习时间和活动时间。

3. 深化教学改革，提高教学质量

（1）教学改革的目标。

①深入开展“学生自主学习”和“学校个性化教育”课题研究。学校将鼓励教师深入开展信息技术时代“学生自主学习”、“学校个性化教育”的研究，培养学生在教师指导下的个性化自主学习能力。具体要求是：第一，优化学习方式，切实改变学生被动的接受性的学习现状，通过课题研究，培养学生收集和处理信息、分析与解决问题、交流与合作的能力。第二，培养学生在教师的指导下自主学习的能力，体现在能够独立制订、认真执行适合各自特点的学习计划，并能经常性地进行学习的自我反思，学会解决以下问题：明确学习中的重点、难点；制定科学、可行的学习进度；有适合各自特点的科学的学习方式和方法；在规定内容外，能够选择适合自己的学习内容。第三，帮助学生形成勤思多问的学习习惯，在“自主学习”中感悟科学研究的方法，对学习内容有自己的独特见解。第四，学生能够对学习内容进行归纳和概括，人人会使用

因特网，会制作个人网页，能通过网络检索信息，并且能利用网络资源进行自主学习。

②鼓励各学科教师探索创新教学形式。第一，教师能够自觉紧跟现代教育理论的发展，能够钻研教学实践的前沿性课题，积极进行教学改革实验，逐步确立以学生自主学习为中心的教学理念。第二，各学科教师在教学中能够有效地指导和促进全体学生将全面发展与个性发展有机地结合起来，能够正确处理“规范与自由”、“全体与个别”、“基础与提高”、“传承与创新”等各种关系。第三，在熟练运用现代教学信息技术的基础上，各学科教师能够根据学科和自己的特点，形成独特的教学风格，努力创建具有示范性的教学模式。第四，以学生发展为本，创建民主和谐的教学氛围，使学生真正成为学校的主人。第五，应用现代信息技术，拓展学习时空，在教师中树立课堂教学延伸的“大课堂”的教学理念。第六，课堂教学以改进教学方法为突破口，以培养学生的创新思维和能力为目标，全面提高课堂教学质量。

（2）坚持规范与创新相统一，改革教学管理制度。

①制定、完善并落实《东莞中学教师岗位职责》、《东莞中学科组长和备课组长岗位职责》、《东莞中学常规教学规程》、《东莞中学先进集体、先进个人评选和奖励条例》、《东莞中学特优教师、学科带头人评选和奖励条例》、《东莞中学教学创新奖条例》、《东莞中学突出贡献奖条例》，为提高教学质量提供制度保障。

②完善教学辅助部门管理制度，使实验室、语音室、计算机室、图书馆、阅览室、体育场馆、音乐室、美术室等全方位地为教学改革服务，为学生自主学习服务。

③创设教学实践课。借助东莞制造业发达的优势，建立校外教学基地，帮助学生从高中阶段开始，就逐渐接触、了解相关的生产、经营、管理等知识，在更广泛的背景下自主学习。

（3）逐步改革考核和评价体系。

①改革考核方式。基础性课程的考试，文科要增加开放性命题、开卷答题、撰写小论文等能力考核的比重，理科要增加学生自主实验、创新实验，增加对学生的小发明、小创造、小制作、小论文等能力评定的比重；拓展型、研究型课程要注重学生的学习过程及学生的论文、作品的综合评定，建立优秀学生的学科“免修制”，使学生有更大的自我发展空间。

②改革评价体系。改变只看学生基础知识和基本技能考试成绩的单一评价方法。尝试用形成性评价和终结性评价两部分构建综合评价体系。第一，形成性评价，重点评价学生在个体学习或合作学习过程中的时间安排、笔记（知识结构的整理）、作业、讨论学习计划的执行和调控等内容；第二，终结性评价，这是对学生三类课程学习结果的评价，重点在课程的实践环节和终结性考核上；第三，在综合评价中逐步增加形成性评价的权重，以强化过程管理；第四，完善学生成长记录档案，建立有利于学生发展的综合评价体系。

③改进激励机制。在对学生的激励机制上，应从注重学生的学业成绩、全面发展向激励学生的个性化、特长化发展转变。在既有的“求佳奖”、“学业成绩优秀奖”、“三好学生奖”、“发展银行奖”的基础上增设“演讲辩论奖”、“发明制作奖”、“才艺之星奖”、“活动能手奖”等奖项，真正做到从制度上激发学生的各种潜能，点燃学生的智慧火花。

4. 建立并逐步完善教学质量监控体系

（1）教学质量监控的目的。

树立“教学质量生命线”的意识，实施教学质量的《三全》管理，有力地促进和保证我校教学质量的全面提高。

（2）教学质量监控的总体系。

①教学质量监控的目标体系：人才培养目标系统，其主要监控点为人才培养目标定位、人才培养方案等；人才培养过程系统，其主要监控点为教学大纲的实施、师资的配备、课堂教学质量、教学内容和手段的改革、考核内容和方式的改革等；人才培养质量系统，其主要监控点为课程合格率、优秀率、各项竞赛获奖率、创新能力等。

②教学质量监控的组织体系：由教导处、教研组及教师构成三级监控，根据管理的职能，在不同层面上实施质量监控。

③教学质量监控的方法体系：第一，教学信息监控。通过日常的教学秩序检查，期初、期中和期末教学检查，通过教学信息反馈和学生学习信息反馈等常规教学信息收集渠道，及时了解和掌握教学中的动态问题；第二，教学督导监控。对所有教学活动、各个教学环节、各种教学管理制度、教学改革方案等进行经常性的随机督导和反馈；第三，调整控制方法。根据信息收集、信息处理进行及时的调控。

④教学质量监控的制度体系：第一，教学研究制度；第二，听评课制

度。行政领导、教学管理人员、教研组长及同行相结合的听评课制；第三，学生评教制，每学期通过问卷调查的形式，由学生作为课程教学评估的主体，对教师的教学质量进行评估；第四，教学常规制度（涉及教学计划、备课、上课、辅导、作业、考试等环节）。

（3）教学质量监控的措施。

①教学质量意识的强化：结合专题及事例，渗透并树立教师的质量管理意识，让“为了全体学生的全面发展”的观念达成共识，使具有不同天赋、潜能，不同气质、性格、文化背景的学生都得到最大的发展。

②加强教学质量的《三全》管理：第一，全面性管理：要求对全体学生的思想品德、文化科学、身体心理、审美、劳技、创新精神和实践能力等方面素质的提高进行全面的评价监控。不仅强调学生的认知水平，还应包括学生通过教学所获得的作为一个人所应具备的各种综合素质；第二，全员性管理：全体师生都要参与到教学质量管理中；第三，全程性管理：加强教学工作过程的环节性管理，明确教学工作过程各个环节的质量标准，我校制定的《教学规程》指明了各环节的质量要求。使教师在备课质量、上课、作业、辅导质量等方面得到有效控制；使学生在预习、听课、复习质量等方面得到监控。

③教学质量检查的“四结合”：集中检查与日常检查相结合；普遍检查和随机抽查相结合；检查与指导相结合；自检与互查相结合。

④教学质量评价的“三结合”：过程性评价和终结评价相结合；定量评价与定性评价相结合；教师阶段性评价与教师学期评价相结合。

⑤教学质量的分析：学生、任课教师、班主任以及学校的四级分析。

⑥发挥三级监控功能，实施分层目标管理。

第一级——教导处：a. 结合现代社会、教育的新形势，对教师进行教学观念、教学方法等方面的师资培训。b. 定期（期初、中、末）检查或通过网络随机抽查教师的备课、上课、作业等教学工作情况，发现有特色的和不足的及时总结。每次检查要突出重点，要检查教学活动的全过程。c. 每学期定期（单元练习、期中检测和期末考试）或不定期进行学科知识、能力的抽查，并对结果进行科学分析，将情况及时反馈于任课教师，指导并帮助教师做好质量分析，从而提高自身教学水平。d. 继续开展听评课活动，做到有记录，有评析。e. 每月一次教学质量分析会。研究、讨论、分析并解决教学中存在的共性问题。f. 召开学生座谈会，了解教师的教学情况及作业布置、批改情况。

第二级——教研组：a. 组织制订本教研组的各种教学进度与计划，并监控执行。b. 加强教研组的备课活动，由教研组长负责，每周集体备课一次，对教学中的共性问题进行专项探讨，并做到有书面记录。c. 由教研组长牵头，汇总各班学习有困难学生的名单，建立个人档案，定期出基本练习题，对本年级后进生进行质量追踪分析。d. 教研组长负责学科的教研活动，做到计划、时间、内容、小结四落实，教研活动的开展与记录及时、有效果。e. 有针对性地对教育、教学情况进行监控与检查。教研组长每学期至少检查两次教师的备课、作业情况，要做好记录与评价并及时反馈。

第三级——教师：a. 加强质量意识，为学生的全面发展制订具体计划和措施。b. 遵循《东莞中学常规教学规程》对教学各环节中的要求，不断提高自身教学水平。c. 积极参加省、市组织的各类培训。d. 上课后要有随笔，及时记录课后反思。

后　勤

一、后勤工作目标

（1）加大校园硬件建设投入力度，更新或添置各种硬件设施和设备，落实绿色校园的规划建设，奠定学校现代化办学的物质基础。加强校园自然景观和人文景观建设，净化师生心灵，凸显学校人文特色。

（2）完善现有制度，提高管理水平，落实岗位责任，提高资源使用效率。探索后勤服务社会化的经验，打造后勤服务优化工程，引领和示范全省中学的后勤工作。

二、完成目标的举措

1. 加大校园硬件建设投入，奠定学校发展基础

（1）建设好绿色校园。优质的教育环境能有效促进教育系统的发展，我校的绿化覆盖率已经达到71%，2003 年被评为全国绿色学校。我们要继续聘请专业园林公司，整合原荔苑的庭院园林，重新规划校园园林绿化。要继续抓好南区改造和校园基础设施的建设。新旧校园建设按绿色校园标准，增种树木，改善植物生长环境，优化整合全校绿色植物的规划。

（2）完善现代化教学设施。加大校园硬件建设投入力度，增添多媒体

信息化教学所需的设备，建设电化信息综合楼，完善和配建适合新课程改革要求的数字化实验室。

装修多功能活动室、阅览室，安装教学楼、宿舍顶层隔热层，改善师生整体的教学、学习和生活环境。进一步更新完善多功能活动室和实验室等教学和生活设施，扩大健身的活动场所，为师生的学习和生活提供更多的便利。

（3）规划好新教学区，兴建新高三教学楼和学术报告厅，改建和完善学生宿舍设施，满足招生规模的需要，满足新课程改革和学校长远发展的需要。

（4）搞好专项工程建设。提高校园安全系数，消除安全隐患，保障师生和学校财产的安全。聘请专业的公司全面检测和维护电力、消防、防雷系统；定期检测体育馆钢结构。

（5）建设好校园内部保安监控系统。改造停车场分流机动车和单车等。

（6）建立信息识别系统。规范学校师生员工的资料管理和财务管理；更新校园一卡通系统，增加圈存机。

（7）进一步改造学校现有电源及用电设备。增加设施，保证教学生活需要。

2.狠抓管理，优化后勤服务

（1）以服务教学为中心，深化内部管理制度改革。探索后勤管理工作新模式，协调和完善社会服务集团和学校的交流。加强教职工现有在编人员的管理。为适应“后勤服务社会化”建设工程，要调整后勤相关的工作人员的职责，确立科学的、明确的后勤人员岗位制度，包括人员管理制度、职责制度、能力考核制度和激励制度等。

（2）引进后勤社会化服务模式。建设高质量的后勤保障系统，引领后勤工作服务目标化、社会化、市场化、功能化，做到减少投入、增加效益。整合内部资源，优化现有资源的使用效率，从根本上节约人力、能源和财源，建立专业和高效率的后勤保障队伍。保洁、保绿、保养、保安等后勤服务做到落实，责任到位。

（3）继续规范和完善财务管理。完善学校财务章程，严格财务内控制度，严格执行财务支出审核工作和固定资产管理制度。做好年、月度的经费预算和年度决算，做好“收、支两条线”的管理。

（4）提高经费的使用效益，保障办学经费充足。严格执行“一费制”教育收费制度，强化绩效评价工作，使教育和教学需要的经费能得到充分的保障。

（5）加强信息化管理。逐步做到无纸化办公，坚持节约办学，继续推行日常消耗品登记管理工作，有计划地、合理地采购日常教育教学用品，做好消耗品的出入仓登记工作，加大力度建立校园内部资源回收网络，杜绝浪费现象。

（6）强化饭堂管理。要改善师生伙食，改良菜式品种，切实提高饭菜质量。

（7）贯彻执行《学校卫生条例》，完善卫生监督管理制度，实现医疗室和各部门的有机整合。普及卫生知识，加强卫生安全防护制度，预防重大事故发生。

（8）完善教工俱乐部建设，逐步更新部分设施，工会定期举办各种活动。切实提高教职工的福利待遇，改善师生整体生活环境，保证教师的身心健康。

第三节　东莞中学发展规划的组织实施

一、一份工作计划

东莞中学2009～2010学年度工作计划

指导思想

在新的教育环境下，坚持莞中的办学思想，谋求学校、教师、学生的共同发展，继续努力打造优质教育品牌，巩固东莞中学在东莞市基础教育领域的领头地位。以纪念新中国成立60周年为契机，以科学发展观为指导，继续加强校园文化建设，引导学生树立正确的道德观、荣辱观，培养学生良好的公民意识和行为习惯，造就高素质人才。

主要工作

一、管理工作

（1）深入学习《东莞中学教职工手册》，认真执行学校的各项规章制度，按规定的工作程序运作，提高工作效率。

（2）编写《东莞中学学生手册》，使学生管理工作有章可循。

（3）完善奖励性绩效工资评奖方案。

（4）优化岗位设置，明确岗位职责，做到有计划、有执行力度和有工作反思。

（5）强化民主监督制度，发挥教工会参与学校管理的职能，进一步完善校务公开制度。

（6）进一步加强师德建设，以“教育、制度、监督三者并重”为原则，解决目前仍然存在的“利用学校资源进行家教”等以教谋私的不良行为。

（7）研究评教评学的科学标准与实施办法，使教学评价工作更客观、公正地开展，更好地调动教职工的工作积极性。

（8）严格执行中学生教育收费“一费制”等有关规定。

（9）做好迎“绿色学校”复查及迎东莞创建国家环保模范城市国检的筹备工作。

二、德育工作

（1）建设师德高尚、业务精良的德育工作队伍。加强班主任工作的培训和交流，增强班主任工作的责任心和创新意识；培养年轻班主任，储备班主任力量；组织级组长和班主任外出参观学习，进一步提高工作水平和效率。

（2）完善、落实年级分层德育体系。年级统一抓好日常行为规范，同时根据各年级学生的身心发展特点、生活阅历、品德形成发展规律和学生成长需要，进一步完善高一年级以“适应”为支点的“习惯教育、养成教育”，高二年级以“人格”为支点的“责任教育、成人教育”，高三年级以“理想”为支点的“理想教育、成才教育”的年级分层德育体系。

（3）深入开展现代公民教育活动。从细节着手大力开展多种形式的高质量文明礼仪教育，特别是在高一年级普及文明礼仪常识和进行环境保护教育。

（4）为纪念新中国成立60周年，举行多种形式的教育活动。选拔学生参加市演讲比赛、参观新中国成立60周年成果展等，通过主题班会等形式开展爱国、理想及励志教育。

（5）加强心理健康教育。将心理健康教育与后进生转化工作、家访工作结合起来，对心理问题比较多的学生进行认真排查、及时疏导。

（6）策划好2009年杰出校友报告会、校庆茶话会、2010年高中毕业典礼，筹备低年级学生向高三毕业生考前祝福仪式。

（7）认真探讨解决男女学生交往过密问题和学生使用手机问题的新措施。

（8）做好学校宣传工作。加强宣传工作的专业性，办好学生电视台、广播站和学生期刊《莞中风采》、《云雕》，发挥好舆论阵地的宣传导向作用，塑造学校良好形象，推动学校校园文化建设，促进学校的全面发展。

（9）做好宿舍管理工作计划和宿舍的日常管理工作。

（10）加强家校联系，开展家长委员会试点工作，充分利用校讯通，加强对学生的考勤管理。

（11）组织和指导各年级的社会实践和社区服务。做好学生档案工作。

（12）召开第二十次团代会。加强对团委会、学生会的指导，落实和完善社团管理办法，注重学生干部队伍的建设，提高学生干部的领导才能、团队精神和合作意识。

（13）抓好每周一的升国旗仪式，开展扶贫帮困献爱心和绿色环保教育等多种形式的活动，举办高三年级成人宣誓仪式。

三、教学教研工作

（1）根据高中三年学生发展的实际情况，制定并规划好每个年级的教学工作重点，使学校优质教学常态化。

（2）根据《东莞中学常规教学工作要求》，加强日常教学工作的检查指导，落实好教师的备课、上课、学法指导、作业布置及批改、下班辅导，切实调整和规范好早读、下午辅导、晚修值班等工作，同时完善作业检查和教案检查方案，从工作落实中抓出教学成效。

（3）继续研究实验班教学工作，研究特优生的指导培养工作，争取各年级在市统考和高考中特优生比例有所增长。

（4）把握新高考方向，调控好高三各阶段工作的节奏，全力以赴抓好毕业班高考备考工作。做好六校联考的各项工作。将尖子生、临界生指导工作落实到班，责任到人。

（5）加强科组长和备课组长的培训和交流，进一步发挥备课组长的作用，落实好集体备课制度，认真做好教材教辅资料的选编、选用和各类测验考试命题的研究工作。

（6）加强学科教师队伍建设，抓好校本课程的开设，发展本校有特色的校本课程，同时调整并落实好各项竞赛辅导工作，确保各学科在东莞市的领头地位。

（7）召开2009届毕业班高考总结会、教学经验交流会和奖教奖学金颁奖大会。

（8）完善先进科组评选方案，评选2008～2009学年校级先进科组。

（9）组织和指导各年级的研究性学习。开展各类知识讲座，培养人文精神，继续组织好朝阳读书活动、莞中学子讲堂和学生读书沙龙，提高学生的综合素质。按照绿色学校要求，在学科教学中渗透环保知识。

（10）举办对外公开课活动。

（11）举行教育科研相关讲座。健全听课制度和青年教师"一帮一"帮扶制度，以"教师行动研究"为切入点，促进教师专业成长。

（12）完善学校教科研网，加强课题建设管理，继续高质量地办好《莞中教研》活页。

四、教工会和体卫工作

（1）大力提倡教职工参加文娱、体育活动，举办多种项目的培训班，促进教职工身心健康；加强与兄弟学校的交流，组织好秋游、中秋联欢、年终团拜等专项活动；关心教职工特别是离退休和困难教职工的生活，对生病住院的教职工要及时慰问，为离退休教职工办好《莞中人》期刊；征集提案，召开教代会。

（2）贯彻执行《学校卫生条例》，完善卫生监督管理制度，普及卫生知识，做好师生的体检工作，加强卫生安全防护意识，做好防止重大事故发生的预案。

（3）强化饭堂管理，改善师生伙食，增加菜式品种，进一步提高饭菜质量和服务水平。

（4）上好体育与健康课、生理卫生课、禁毒知识专题课、艾滋病知识专题课，组建学生体育俱乐部，抓好运动队的训练工作。

五、其他工作

（1）筹备和举办东莞中学第二十届艺术节、第二十届科技节和第十五届体育节。

（2）做好2009年教学设备及设施的采购、安装调试、应用和管理的工作；充分征集意见和建议，做好2010年教学设备专项预算及其采购工作。

（3）分期分批采购图书，合理调整藏书结构，打造精品图书馆。

（4）继续做好校园扩建、改建的规划、报建、施工等工作。

（5）成立软件开发小组，研发校园信息管理平台，打造现代数字校园。

（6）加强校园安全管理，教职工车辆凭校园卡进出学校车库。

（7）继续做好文书、档案、组织人事、财政预算、工资福利、职评、年度考核、计划生育、安全、保密、信访、接待、慰问、房改、师资培训、会务、毕业生档案、学籍管理、统计、校园卡管理、党务、协调、督查、文印、资料征订等工作。

2009 年 9 月 1 日

东莞中学 2009～2010 学年第二学期周工作安排（节选）

月　日	周	内　容	执行部门（执行人）
2 月 21 日至 2 月 27 日	1	1. 2 月 24 日开学大会	校务办、教导处
		2. 教职工政治学习（一）	校务办
		3. 做好各班多媒体设备安装调试和使用情况检查	教导处
		4. 做好各年级教材分发工作	教导处
		5. 做好高考英语口语考试设备设施检修	教导处
		6. 高一、高二年级教学分析会（26 日）	教导处
		7. 调整校本课程（第二课堂活动）安排	教导处
		8. 学校对外公开课主题拟定	教导处（教科室）
		9. 校风校纪检查（一）	政教处
		10. 三月学雷锋活动工作布置（26 日）	校团委
		11. 学校供水供电、直饮水系统的检查工作	总务处
		12. 落实各班卫生清洁负责区	总务处
		13. 学校饭堂工作会议	总务处
		14. 健康讲座	教工会
		15. 教工会委员会议，讨论学期计划，讨论“三·八”节女教工活动及宣传方案	教工会
		16. 迎新舞会	教工会

续表

月　日	周	内　容	执行部门（执行人）
2月28日至3月6日	2	1. 成立“九省十七校校长论坛”筹备小组，启动筹备工作。	校务办
		2. 民主党派人士座谈会	校务办
		3. 计划生育检查（一）	校务办
		4. 更新科学馆的平面分布图、各种标识、管理规定，做好科学馆、图书馆环境美化工作	教导处
		5. 制订学校信息管理平台开发方案	教导处
		6. 做好学生活动中心（原教育局大楼）办公室、功能室的设备配置和设施建设工作	教导处
		7. 高一、高二分班总结市统考情况	教导处、政教处
		8. 校本课程（第二课堂活动）开展活动	教导处
		9. 筹备校教学经验交流会	教导处
		10. 组织高一、高二年级开展研究性学习	教导处
		11. 教材、教辅资料到位及使用情况自查	教导处
		12. 对外公开课详细计划	教导处
		13. 《莞中教研》76期材料准备	教导处（教科室）
		14. 完善教研室主页	教导处（教科室）
		15. 完善“莞中家校”主页	教导处（教科室）
		16. 全校班主任工作会议	政教处
		17. 《莞中通讯》第27期	政教处
		18. 讨论学生活动中心管理办法	校团委
		19. 学生注册准备工作	总务处
		20. 校园“三化”工作检查	总务处
		21. 资产检查工作	总务处
		22. “三·八”节女教工活动	教工会

续表

月　日	周	内　容	执行部门（执行人）
3月7日至3月13日	3	1. 校教学经验交流会	教导处
		2. 制订好2010年专项教学设备政府采购计划	教导处
		3. 学校弱电系统防雷设施设备检修	教导处
		4. 图书馆订购新书及做好新书介绍工作（一）	教导处
		5. 做好高三一模考试的考务工作	教导处
		6. 高三教学楼英语听力收听效果测试	教导处
		7. 做好2010年高考英语口语模拟考试工作	教导处
		8. 常规教学检查一（早读、第8节自修、晚修、第二课堂活动）	教导处
		9. 筹备对外公开课（确定课题、节次、班级，撰写个人简介）	教导处
		10. 2010年高考英语口语模拟考试	教导处
		11. 发市教育学会年会论文征集通知和学校年度论文撰写通知	教导处（教科室）
		12. 市应标课题研究	教导处（教科室）
		13. 班会课：学习詹校长开学典礼讲话	政教处
		14. 出版“三·八”专栏	政教处、教工会
		15. 学生注册工作	总务处
		16. 高一年级学生体检	总务处
		17. 学校基建工作会议	总务处
		18. 教工足球友谊赛	教工会
		19. 女教工专题讲座	教工会

二、一份工作总结

创设和谐校园 提升教育品质

——东莞中学2009~2010学年度工作总结

一学年来，学校坚持以邓小平理论和“三个代表”重要思想为指导，学习实践科学发展观，秉持“自主，和谐，共同发展”的办学理念，依靠师生员工，采用民主、有效的管理模式，创设和谐的学校氛围，努力提升学校的教育品质，在教育教学的各个方面都取得了令人瞩目的成绩：本学年，学校被评为“广东省‘三·八’红旗集体”、“广东省体育特色学校”；被市委市政府分别授予“东莞市先进集体”、“东莞市文化建设标兵学校”等称号，并被评为“东莞市党建带团建先进单位”、“东莞市青少年科技活动先进学校”、“东莞市档案工作先进单位”、“东莞市财务决算先进单位”、“城区计划生育先进单位”；学校团委被评为“广东省‘五·四’红旗团委”，学校教职工团支部被评为“东莞市学校团建市级示范点”；学校志愿服务站被评为“东莞市优秀志愿服务站”。2010年高考再获优异成绩，陈美婷同学以703分获广东省高考理科总分第九名，东莞市第一名，文科考生650分以上9人。有18人获20分政策性加分。重点本科上线519人，上线率58%；一般本科上线867人，上线率96%。

一、完善学校管理，加强师资建设

不断理顺和完善学校的管理机制，建立一支高素质的教师队伍，是实现学校可持续发展的重要前提。

1. 完善校务公开机制

本着贯彻“依法治校”的精神，学校完善了《东莞中学在编教职工绩效津贴分配方案》，健全了学校行政、各处室、部门工作制度及岗位职责，进一步发挥了教工会及工会小组的监督职能。学校工作的重大决策事项（管理机制、重大改革、发展规划、工作计划、招生等），涉及教职员工与学生切身利益的事项（岗位聘任、奖金分配、职称评定、评优评先等），民主评议干部和干部任用等工作都进一步做到民主、公开。本学年，学校通过民主程序选拔了3位中层干部到由莞中协办的市第六高中担任行政，还重新选出了3位科级组长和1位档案组长、1位宿管组长。这些措施有效地激发了教师工作的潜能，保障了学校各项工作公开公正地开展，促进了学校的可持续发展。

2. 落实干部学习制度

本学年，学校坚持用“明确职责，搞好服务，提高效率”的准则要求学校行政班子成员，学校领导自觉参加党纪法制学习和各种职务培训、业务学习，严格按照廉政法规行事，努力提高自身管理艺术水准。黄灿明校长参加了广东省基础教育系统“百千万人才工程”第三批省级培养对象高级研修班，詹海潮副校长参加了清华大学全国校长论坛和海峡两岸品格教育论坛，刘洁仪副校长参加了市处级干部轮训班。学校还派出了刁宏垠、朱忠明两位副主任参加了市直属学校管理中心组织的管理干部跟岗学习。进一步落实中层干部学习制度，7 月 15 日，学校科级组长全部参加了由我校主要承办的“九省市自治区十九校教育论坛”。一学年来，学校行政人员、中层干部率先垂范，不断探索，锐意进取，确保了各项工作的优质高效。

3. 加强教师队伍建设，促进教师专业成长

（1）抓好德育队伍培养，提高德育工作实效。

作为学校德育队伍的主力军，班主任的工作水平直接影响着学校德育工作的有效开展。因此，加强班主任工作培训，一直是学校加强德育队伍建设的重要措施。第一学期组织了年轻级长、班主任等 10 人参加了“广东省第九届班主任工作论坛”，老师们听了多场专题报告，提高了班主任的理论水平和管理水平。学校还继续开展读书征文活动，其中，第二学期征文主题是班级管理案例，班主任结合自己的工作实践所遇到的真实的、典型的、具有一定疑难问题的管理事件进行生动的描述与反思性解读。经过多轮评比最后评出一等奖 3 人，二等奖 8 人，三等奖 12 人。

学校继续沿袭我校班主任工作会议模式：在学期开学初召开一次全校班主任会议，先由政教处布置一个学期的工作，再由主管德育工作的副校长作一个专题发言；在期中考试结束后召开第二次全校班主任会议，先由各年级推选的优秀班主任代表作经验介绍，再由政教处作上半学期的工作总结和布置下半学期的工作。在第二学期的班主任工作经验交流会上，有四位班主任分别就他们在工作中的积极探索和良好效果作了介绍。这一系列学习培训，使德育队伍的整体素质得到提升，学校德育工作的实效也得到明显的提高。

（2）抓好科组建设，促进教师专业成长。

一是引导各个科组从师资队伍建设、高考备考及业绩、教研成果、学

生评教、网站资源库建设、校园文化项目、教研会兼职、科组教师综合性荣誉、学科特色及省、市影响力等方面拓宽科组建设思路，丰富科组活动形式，完善先进科组评比方案，科组的管理水平、教研水平、教学水平都有较大提高。举行信息技术科组成立十周年展示活动，通过座谈会、报告会、校本教材、精品课例、论文集等成果展示信息技术科组十年来的发展历程，研讨中学阶段信息技术教育方式方法和有效途径。数学、英语、历史、地理、生物、信息等6个科组被评为年度学校先进科组，并在科组长会议、学校奖教金颁奖大会等场合介绍科组发展情况。通过行政、科组长联席会议推选语文、化学、生物3个学科组参选市先进科组。

二是发挥学科带头人模范作用，提升师资整体水平。师资队伍整体水平是办学核心竞争力的关键。通过岗前培训、集中讲授、专题研讨、教学观摩、案例分析、经验交流、教育沙龙等多种形式进行师资培训，让教师相互学习，力求使莞中成为一个有战斗力的学习型组织。叶健刚、赵银仓、陈楚云、刘笃锋、陈宇明、周虹、陈杰、戴一欣、张光洋、陈沃亮、徐建刚、唐章辉、周熙等13位东莞市第一批学科带头人，通过示范课、讲座、培训、听评课等形式发挥引领和示范作用。本学年，黄灿明校长获聘为“广东省首批中小学校长工作室主持人”，叶健刚、赵银仓、唐章辉3位教师被评为“东莞市首批市级中小学名师工作室主持人”，陈楚云、刘笃锋、苏立光、杨建平、戴一欣、刘义、徐建刚7位教师被聘为“东莞市普通中小学第二批学科带头人”。

三是组织新老教师结对帮扶，加快青年教师成长。通过教材详解、听课评课、上汇报课、试题编制、谈心交流、写学期论文总结、教育沙龙等快速提高年轻教师的课堂教学能力，帮助青年教师站稳讲台；组织青年教师参加各级各类基本功竞赛、优秀课评比、论文评比等活动，加快青年教师的成长。

二、丰富德育形式，注重德育实效

学校针对青少年身心特点，结合东莞市“创建全国文明城市”工作，广泛深入地开展思想教育活动，引导同学们树立正确的世界观、人生观和价值观。

1.深化现代公民教育

为深化“爱国、守法、诚信、知礼”现代公民教育，政教处认真抓好每周一早上的升国旗仪式，选准讲话主题，选好发言代表，注重针对性和时效性，对全校师生进行爱国主义教育、思想道德教育、环境保护教育。进一步完善高一年级以“适应”为支点的“习惯教育、养成教育”，高二年级以“人格”为支点的“责任教育、成人教育”，高三年级以“理想”为支点的“理想教育、成才教育”的年级分层德育体系。继续组织学生开展以“责任和感恩”为主题的假期家务体验和征文活动。本学年尤其重视发挥主题班会课的育人功能，提升班会课的质量，进一步落实了班会课的集体备课、检查评比等机制。开展了以爱国主义教育和文明礼仪普及活动为主题的系列班会课，如学雷锋主题班会，珍爱生命、禁毒主题班会。政教处还组织了《感动中国人物颁奖典礼》的观看、阅读和征文活动。18 岁成人宣誓活动，已成为我校加强学生爱国主义教育、强化成人意识和提高学生综合素质的一项重要内容。在 2010 届高三成人宣誓仪式上，所有高三学子在庄严的国旗面前宣誓，在激情洋溢的誓言声中，18 岁的高三学子们完成了人生的一段成长历程。同时继续开展杰出校友报告会，邀请学校 81 届校友、“南粤十佳卫士”李灼华回校与学生分享他的成长历程。

2. 落实行为养成教育

学校的学风、校风的好坏取决于班级的日常管理，政教处非常重视学生的日常行为规范的管理。一是完善校风校纪检查制度，采取年级自查和学校检查相结合，每次检查都提前通知，年级自查，然后是政教处检查，通过年级和政教处两级检查达到加强校风校纪建设的目的。二是加强年级学生纪检和学生会纪检力度，特别是注重检查后的整改落实。三是从基础文明入手，着力培育文明风尚，倡导文明举止、文明教室、文明餐饮、文明宿舍，杜绝在公共场所乱扔杂物、随地吐痰、损坏公共设施、乱穿马路等不文明现象。四是进一步提升宿舍管理水平，加强宿舍日常管理，加强对高三学生毕业离校前后宿舍管理工作的调研和引导，尤其是完善住宿生周末和节假日留宿的管理制度，受到家长的充分肯定。

3. 加强心理健康教育

政教处与班主任时时关注问题学生的心理，开展了《生命的珍贵》、《生命的价值》、《生命的挑战》等生命教育系列主题班会课，对学生进行生命教育。心理老师在抓好普及心理健康教育的同时，积极参与和配合年级工作，分期给学生作心理专题讲座；深入学生，对个别情况特殊的学生进行有针对性的心理辅导。他们为高一新生建立心理档案，对新生的心理健康状况进行调查和分析，从整体上掌握学生群体的心理健康水平，追踪学生在高中阶段的心理发展历程。

4. 拓展爱心奉献教育

在全市志愿服务蓬勃发展形势下，同学们奉献爱心、服务社会、促进文明的积极性也不断高涨。从“三月学雷锋”活动到“麦田义卖”等志愿者活动，校团委精心策划每次活动，让学生走向社会，走进弱势群体，时刻铭记每人身上所肩负的责任，体会关爱别人、为社会贡献力量的幸福感。第二学期，第三届“守护麦田的希望”麦田计划校园义卖活动共筹得资金23067元，比去年增加了11000多元，这些资金将被继续用来资助山区的小朋友完成学业。4月份，学校志愿者服务站组织了35名学生志愿者前往东莞万江汽车总站开展了一次主题为“关爱新莞人，学子在行动”的志愿活动。5月份，志愿者服务站与东莞红十字启航服务队在学校体育馆成功联手举办了“关爱聋儿、爱护花朵”的联谊活动。学校志愿者还在志愿服务站引导下，在新生入学、体育节、艺术节等学校大型活动中发挥了巨大的作用，成为校园一道亮丽的风景线。本学年，学校志愿服务站被评为“东莞市优秀志愿服务站”。

5. 加强环境保护教育

作为国家级绿色学校，学校一直都重视环保教育，开展环保宣传，投身环保实践，培养学生的环保意识。第一学期，结合省绿色学校复查与迎接“创建国家环保模范城市”国检工作，学校重新规范整理学校创绿档案材料，喷制了《支持东莞创建国家环保模范城市》、《东莞中学环保特色活动》、《东莞中学学生环保作品》等宣传板报，制作了校园百年古樟树介绍牌、校园节水节电标语牌等，调整了废旧电池回收方案。加强了校园环境教育宣传和氛围的营造。5月1日，学校志愿者服务站还分别与虎门威远海战博物馆举行了主题为“绿色长流通四海，生态文明蕴和谐”大型环保宣传活动，志愿者们在烈日下身体力行，以自己的行动唤起更多的人参与到保护环境的大军中，为创建美丽的自然环境而努力。

6. 引导学生自我发展

学校一贯重视自我发展的能力。校团委搭建各种平台，引导学生自我管理、自我教育、自我服务，如学生会建立一套自己的工作流程和工作方法，学生干部也逐渐形成自己的处世态度、工作智慧与管理理念，有的甚至将自己的工作心得打印成册，在交接大会上向新一届学生干部传授；加强与松山湖学校、长安中学等兄弟学校团委的沟通交流，共同开展公益活动与拓展训练，在总结、对比、切磋中提高管理能力；让学生干部策划艺术节、科技节、体育节，编辑出版校刊《莞中风采》和《云雕》，运作校园广播站、学生电视台等各种组织与社团，在实践中形成他们的组织、管理、服务能力。

三、规范教学管理，夯实教育科研

学校始终将教学工作放在重要位置来抓，通过教研促教学，向教研要智慧，向课堂教学要质量，促进优质课堂教学常态化，不断提升办学层次。

1. 以严格的要求规范教学管理

常规教学是学校工作的中心，也是提高教学质量的关键，学校对这项工作做到重落实、严管理。学校通过科组活动时间组织教师认真学习《东莞中学常规教学工作要求》，让老师们统一思想、高度重视并严格按要求办事。学校对常规教学的每一项工作，都做到有计划、有指导、有检查、有督促。

（1）认真抓好常规教学检查工作。

教导处根据学校相关制度加强科组活动、备课组活动、下班辅导、晚自修辅导的抽查，对晚自修的检查情况及时反馈到科组。每逢节假日，对假期作业给予明确的指导要求，平时对学生作业量及教辅资料使用也适当跟踪检查。上、下学期期中考试后通过学生评教活动、问卷调查、学生座谈会等形式，及时、全面了解反馈教师课堂教学等情况。一方面抓好科组长会议、科组会议、备课组会议的管理，另一方面落实好听课管理制度、公开课制度，完善科组外出交流学习的管理，科组的管理水平、教研水平、教学水平都有较大提高。本学年调整了第 8 节自修、晚自修安排，让学生有更多自主支配的时间学习，也有更多机会向老师们请教。

（2）加强科组备课活动引导。

课堂教学的优劣直接影响着教学质量的高低。在抓教与学的过程中，一方面要求全体教师在集体备课的基础上要立足课堂，深入研究，主动构建具有自我特色的个性化教学模式；另一方面重视学生良好学习习惯的培养，教导处要求每位教师注重学生预习、复习、阅读、写字、搜集处理信息等习惯、能力的养成教育，做好学困生的帮辅工作。通过专题研讨、教学观摩、案例分析、经验交流、教育沙龙等多种形式，让教师培养教师，促进共同发展。要求教师结合课堂教学实际，撰写教育随笔或教学反思，记录自己教育教学过程中的感悟、反思，留下成长的印迹，促进教育教学水平和教师综合素质的提高。

（3）加强年级教学协调，提升教育教学管理执行力。

三个年级结合自身特点制定了年级发展规划并详细列出周工作重点，年级组长及时反馈教学信息，提升教育教学管理执行力。毕业班工作领导小组，制订和落实高三各阶段的备考工作计划，加强对高考工作的指导，做好“六校联考”的各项工作；加强对毕业班班主任和备课组长的工作指导，做好各备考阶段的协调工作。各备课组采用工作布置、章节研讨、教学交流、测试分析、学生研究、问题诊断、对外交流、专家指导、课题研究、工作总结等形式切实强化集体备课，使教学过程中的“备、讲、批、辅”等各个环节，落实到位，切实有效。同时，为了解新高考模式下的命题新动向，切实加强考试命题研究，要求高一第一学期期中考试的难度控制在0.80左右，其他的考试难度控制在0.75左右。

（4）加强优质教学展示。

通过对外公开课、校内公开课、市学科带头人示范课、科组研讨课、青年教师汇报课等方式，鼓励教师展现各自的人格魅力，运用不同的教学方法，营造各具特色的课堂氛围。第一学期有28位授课老师进行校内公开课研讨活动，第二学期有26位授课老师进行对外公开课研讨活动。教师们积极备课、试教、请教，展示出各自教学风格，各科组通过集体备课、听课评课，群策群力共同提升教学研究能力。市教育局、35所市内学校、6所市外学校、部分镇街文教办及家长代表630多人，对授课老师们的课堂教学给予较高评价。

2. 以务实的态度开展教育科研

（1）扎实推进优质教学常态化课题研究。

一是各科组及市应标课题“优质教学常态化的研究与实践”课题组成员将课题研究细分为理论探讨、青年教师课堂教学实践、高考指导、教学管理案例、高考经验、课堂教学研究、名师践行优质教学常态化经验总结等进行有针对性研究并在课题中期研讨。在第二学期教学开放日召开了“优质教学常态化的研究与实践”课题中期研讨活动，市科研办、市教育科研指导小组成员、市其他中标课题组研究骨干、学校部分行政以及课题组的成员共63人参加了课题中期研讨活动，与会专家与同行给予我校课题研究成果高度评价。

二是成功举办九省市自治区十九校教育论坛。7月15日，由我校主要承办的以“优质教学常态化的研究与实践”为主题的“第六届九省市自治区十九校教育论坛”在东莞成功举行。东莞市副市长吴道闻、市教育局副局长王任槐和来自全国各地15所中学的160多名代表参加了论坛。在论坛上，中央教育科学研究所韩立福博士作了题为《如何创建高质量的有效教学》的报告，北京35中校长朱建民与各友好学校代表围绕“优质教学常态化的研究与实践”进行了专题研讨。论坛还专门编辑出版了《优质教学常态化的研究与实践》论文集。论坛的圆满成功不仅使课题研究向纵深发展，更进一步加强了九省市自治区十九校的交流与合作，扩大了我校的知名度与影响力。

（2）教科室积极探索学校科研工作新的思路和新方式，切实加强教研促教的有关工作。

坚持以课堂教学的示范课、公开课为突破口，鼓励教师把研究和教学融合起来，推动教学研究工作，针对性地研究、探讨教育、教学、管理过程中碰到的实际问题和困难，老师们的教学论文、优质课、课例设计等获奖频频。

学校课题“优质教学常态化的研究与实践”中标东莞市普教系统“十一五”教育科学研究课题并获研究资助经费一万元。教师共有19篇论文发表在省级以上教学刊物上，有18篇获省级以上奖励，有23篇获市级奖励。在各类教学竞赛中，3人次获全国级奖励，5人次获省级奖励，12人次获市级奖励。

3. 以创新的精神备战新高考

结合广东省新课程改革和2010高考新方案的实施，教导处引导教师学习新课程理念、结构、模式、评价等方面情况，通过理论学习、集体备课、听课评课、经验交流等提高教学、备考的针对性、有效性。各学科、备课组科学分析2010年高考新模式，制订备课组教学计划和备考策略，将应对高考新方案的教学和备考策略有效落实到三个年级教研活动、课堂教学中；高三年级认真制定备考策略，执行教学进度，把握好备考节奏；各学科在联考或市统考前做好充分准备，考试后及时开好年级分析会、班分析会，提高考试评价的有效性和针对性；充分认识2010届高考理综、文综的重要性，控制上课、作业、测试的难度，引导学生归纳、积累适合自身特点的应试技巧和做题顺序；积极与联考学校、省内外知名学校交流学习，提升2010届高考科学备考的实效性。

4. 以更高的标准建设校本课程

探讨、完善校本课程及研究性学习活动等管理机制，拓展科技教育活动，探索艺术教育有效途径，抓好体育运动队日常训练，正常开展研究性学习活动。47 个竞赛辅导组、社团、运动队、兴趣小组等在“甲流”严峻形势影响下，不断调整辅导安排，提高辅导质量，取得来之不易且亮丽的成绩。学生在各级各类竞赛中共获国家级奖励 50 人次，获省级奖励 23 人次，获市级奖励 224 人次。

四、搭建文化平台，提升文化品位

校园文化对学生成才具有潜移默化的影响，具有特殊的教育功能。经过多年的探索实践，学校的校园文化活动正朝着系列化、多层次、高水平的方向发展。

1. 发挥好舆论阵地的宣传导向作用

学校重新修订了《东莞中学宣传工作规划》，对学校的各项宣传工作做了具体分工和布置，并根据学校学年工作的具体安排，在充分讨论的基础上对整个学年的宣传工作进行了统一的规划、安排和落实。一是配合学校不同时间段的工作热点在学校的宣传栏出版了相应主题的墙报，其中由于两位心理老师的参与，教学楼通道的宣传栏的质量有较大的提升。二是及时更新校园网上的校园新闻，第二学期共发送《莞中通讯》新闻稿近 70 篇，收到了较好的宣传效果。三是对近几年的各类宣传作品的电子稿进行了整理和分类并以《莞中画报》为标题挂在校园网首页，克服校内宣传画报展出的时间较短，而且也只能在校内有限位置展出的局限，同时还可以更好地对以往的宣传作品进行分类、整理和保存。四是为了配合学校的对外宣传工作，制作了东莞中学宣传合页和宣传短片。五是出版了第 27、28 两期《莞中通讯》，共出版小评论七期。

2. 办好艺术节、体育节、科技节、毕业典礼等校园文化活动

本学年学校举办了第二十届艺术节、第十五届体育节和第二十届科技节。第二十届艺术节，前期准备充分，师生广泛参与，活动精彩纷呈，杨希雪校友的现场绘画、校园歌手大赛、星海音乐角、手工艺作品展等多个活动均呈现出新亮点。第二十届艺术节的重头戏文艺晚会，在节目质量、文化格调、晚会组织、音响、摄像等方面均有了较大突破，获得上级领导、嘉宾与师生的广泛好评。学校还将艺术节的系列活动制作成光盘，赠予各界人士、校友，扩大了莞中的影响力。

第十五届体育节开展的项目多，运动员们以饱满的热情和高昂的斗志投入田径运动会，展示了师生良好的精神风貌。“阳光体育”锻炼蔚然成风，健身操、跳绳、毽球、羽毛球、乒乓球、篮球、排球等活动受到广大师生广泛欢迎，田径队、篮球队、排球队、羽毛球俱乐部常年坚持训练，为校园增添了一道别样的风景。今年，有13位学生因为体育特长参加省专项测试获得高考政策性20分的加分。

第二十届科技节共有四大类17个活动项目，展出类、比赛类、活动类、讲座类，适合在中学阶段开展的科普活动都有展示。学生参与面广，锻炼多，收获大，高一、高二的学生或自由参加或被组织参加，大部分同学有机会参与其中，体会或感受到科技活动给自己带来的快乐和成就感。

毕业系列活动继续举行。包括隆重的毕业典礼，热烈的毕业聚餐，温馨的毕业祝福，印制精美的毕业纪念册，等等。在2010届毕业典礼上，学生们以致辞、献花、歌唱等多种形式向老师表达自己的感激之情；毕业聚餐上，师生融洽无间地欢聚一堂，举杯共叙师生情谊。如今，毕业典礼已经成为学校又一个文化活动品牌，并在本学年获得东莞市德育创新成果评选一等奖。

充分发挥校友资源建设校园文化。本学年，中国工程院院士、1950届校友毛炳权，中国工程院院士、1956届校友何镜堂，还有1979、1984、1985、1990等各届校友会，先后回母校捐植海红豆、朴树、莞香等一批名贵树木，寄寓“十年树木，百年树人”之深意。院士树、校友树将激励我校广大学子以杰出校友为榜样，勤奋努力，拼搏向上，勇攀高峰，成为莞中校园里又一道亮丽的风景线。

学校还邀请院士、校友、医学博士举办科学、文史、心理等专题讲座，组织了“书香满校园之校园书展及购书活动”，组织了以“朝阳 青春 读书”为主题的读书活动、学生干部培训和旨在增强学生自信心、胆识的拓展训练等活动。莞中学子讲堂所涉及的领域更广，水平更高了。今年4月，由来自西班牙、荷兰、爱尔兰、匈牙利、比利时等国的中小学校长组成的“汉语桥——欧盟中小学校长代表团”一行22人到学校访问交流，客人们饶有兴致地参与学校的一系列校园文化活动。2010年6月27日，由学校广播站三名高一学生录制的南非世界杯专题节目，还登上了中国国际广播电台HITFM频道，并受到了专业人士的广泛好评。

五、优化服务水平，构建和谐校园

1. 优化校务管理，提高服务质量

校务办公室认真做好人事、工资、住房津贴、绩效津贴、会务、接待、文书、信访、大事记、学校数据库、学校档案、毕业生档案、文件收发、保密、社会保险、计划生育、户口迁移、职称评审、评优评先、干部任免、教师资格认定、慰问、党务等工作，定期组织各部门做好安全检查和整改，定期召开安全工作会议，督促各部门落实安全工作检查与整改；制定相关规章制度，加强学校各个校门和教职工车辆出入校园的管理，协助葆力物业管理公司做好学校保卫和商住楼的管理，协助编志办编写《东莞中学志》，协调城区交警大队和人民公园等单位做好学校周边环境管理，认真做好各种文件管理，及时传达和贯彻上级的有关指示精神，及时、高质地完成各类文书材料。主动联系、接待《南方日报》、《东莞日报》、《南方都市报》、东莞电视台相关新闻媒体，加强学校宣传，提升莞中影响力，协助做好学校网站内容的更新，加强宣传。在服务中实施管理，在管理中体现服务。

2. 改善后勤服务，注重工作实效

总务处认真做好供电、供水、直饮水、消防、防雷、空调、体育器材、校舍的维护，购置办公用品和实验用品，布置体育节、艺术节及其他各项活动场地和所需设备，搞好校园“三化”建设，做好学校绿化和植树的规划、实施工作。做好学校公务、教学教研、竞赛的用车安排。结合有关建筑标准和规定，有计划地组织有资质的专业公司做好学校楼宇的安全检测和防漏补强工作。积极做好与有关建设部门的沟通、协调工作，做好新学生宿舍的设计、财审、招标和施工前期准备工作。严格遵守有关财务制度，做好政府采购、各项财务核算、经费使用、资产管理工作。校医室认真做好门诊、高三学生体检、保健和教职工的体检工作，建立学生体检档案，积极开展卫生健康常识宣传，抓好学校环境卫生和食品卫生的检查、监督。搞好食堂建设提高服务质量，提高早餐标准，改善早餐质量。针对高三毕业班的实际情况和需要，学校食堂适时提供防暑降温的凉茶并调整高三学生膳食的菜式和供应，方便学生的就餐。作为毕业典礼的重要内容之一，学校食堂还组织和制作了大型的毕业班自助晚餐让师生欢聚一堂，留下美好的记忆。

3. 明确教辅职责，保障教学正常运行

教务室精心编排课程表，合理调课，保证日常教学秩序有条不紊地进行；认真做好印刷、装订、考务等工作，安排好各类考试的监考工作和试卷印刷、分发工作，保证考试顺利进行；做好学籍管理、文件收发、奖学奖教金颁奖数据统计、教学资料收集与统计、考勤统计、电子档案采集与审查、答卷制作与扫描、高考数据统计和2010年高考报名、志愿填报、录取查询等工作；及时发布各类通知，誊写各类欢迎牌、指示牌、喜报和通告。

现代教育技术中心和科学馆在加强日常管理，努力提高工作质量和效率的同时，着重做好以下工作：一是做好校园网日常维护、多媒体设备维护、实验教学、安全管理等日常工作，单是第二学期就维修电脑及周边设备80多台次，维修投影机、功放等多媒体设备35台次，保障教学工作正常进行。二是在硬件设施建设上，坚持“少花钱，多办事，办好事”的原则，严格按照市采购办的要求和程序开展设备招标采购工作。认真做好电脑一室的电脑和网络布线、硬件展览室、通用技术教学仪器、复印机、速印机、天文器材、学生活动中心网络布线、美术功能室多媒体设备、校园监控等教学设备的采购与安装工作，采购金额共669000元。三是克服时间紧、任务重等困难，做好教学多媒体资源制作、优质课摄制、学校宣传片制作、十九校教育论坛摄像与光盘制作等工作，第二学期共拍摄、编辑20多节录像课。四是全力做好网上阅卷、艺术节、科技节、体育节等大型活动的技术支持，保障学校各项活动顺利开展。五是实验员积极做好实验教学，保证所有演示实验、分组实验按教学要求百分之百开出。

图书馆认真做好图书采购、新书上架、图书借阅、书刊加工、指导阅读等工作，优化服务质量。加强书库和阅览室日常管理，及时组织编目工作，完善图书整理及排架工作，为师生创造更加优越的阅读环境，提高图书的利用率；做好高一、高二学生阅读课的管理和辅导工作，充实英文阅览室及文史哲阅览室图书资源，提高其利用率；做好教材教辅征订、教材分发工作，保证师生有足够教与学的资源，工作人员要求自己在征订工作过程中要“快”、“准”、“细”，加强与教导处及科组之间的联系工作，及时反馈相关的信息。

4. 强化工会职能，促进和谐莞中建设

教工会切实履行工会维护职工合法权益的基本职责，增强工会的凝聚

力，有效地促进和谐莞中建设。教工会结合第十三届教代会第三次会议提案涉及学校制度、学校管理、福利待遇及其他方面的问题，在日常工作、生活中了解实际改进情况，及时向学校领导及相关部门反映情况，部分问题得到及时、有效的解决。教工会根据教职工所关心的饭堂饭菜质量问题，组织工会委员和福利工会小组成员深入饭堂了解情况，并把反馈意见和建议向学校党、政领导反映，当好学校领导和教职工之间的“桥梁”和“纽带”。

教工会增强服务意识，坚持送温暖活动，关心教职工特别是八十岁以上老教师、离退休和困难教职工的生活，对生病住院的教工及时慰问40多人次，组织全体离退休教职工喝早茶座谈交流，让他们感受到学校的关怀。继续出版两期《莞中人》刊物，让全体莞中人分享莞中办学大发展带来的喜悦。关心教职工子女成长，落实《东莞中学教职工子弟奖励办法》和庆祝“六一”儿童节活动。关心教职工身心健康，邀请广东省中医院邹旭教授于2月22日到校举行健康专题讲座，教职工反映良好，获益良多。大力开展教职工文娱体育活动，举办八段锦和健身舞培训班，搞好教工排球赛和科级组部门体育友谊赛，组织好春游、秋游、“三·八”国际劳动妇女节等专项活动。开展“巾帼建功”活动，邀请华南地区著名礼仪培训专家、中山大学客座教授、广东省委文明办礼仪讲师团成员王春芝教授来学校举行“女教师个人形象塑造和礼仪”专题讲座，提高了广大女教工的形象意识。

2010年9月1日

三、一篇典型案例

从“国旗下讲话”到“国旗下演讲”

——记我校国旗下教育的创新

我校“国旗下演讲”的前身是“国旗下讲话”，主要是校领导和学生会干部的“发言”。但一次偶然的契机，使这个称谓发生了变化，从而也使得整个教育形式和效果呈现出令人欣喜的局面。这次契机来源于一次闲聊。

在一次周一的升旗仪式后，学校语文科一位老师颇有感慨地说，当年他在内地的学校任教，“国旗下讲话”基本上都会由学校的政教主任来进行，基本内容无非就是对学校上周工作进行小结，然后对该周工作进行大概的布置；或者是对某种校园不文明现象予以鞭挞；再不就是宣布对某位同学的违纪处分，等等，诸如此类。因此学生大都对每周一的“国旗下讲话”抱有一种敬而畏之的态度，尤其是对这位政教主任，冠之以“警察局长”之类的称呼。所以，这种“讲话”的教育效果令人质疑。

其实这只是一个观念问题，如果领导少一些上台，那么学生上台的机会不就更多了？为什么不能让学生成为升旗台上的主角呢？把发言权让给学生，让学生来进行自我教育，不就行了？

循着这一想法，经学校团委研究决定，我们把具有居高临下意味的“讲话”改为平等交流的“演讲”，让学生正式“登场”。“国旗下讲话”这个称谓就正式走进了我校的校史纪念册，而我们也迎来了一个学生竞相上台表现自我、教育自我的“国旗下演讲”的新时代。

然而，名称的更新，并不意味着新瓶装旧酒，这项制度的内容也必须跟上创新的脚步。因此，我们还必须考虑演讲的主体、内容等方面的改进更新。

作为一个平等意义上的对话，“国旗下演讲”的主讲人是一个关键环节，内容好而讲不好，定会使教育效果大打折扣。因而主讲人的选定，绝不能草草了事，必须慎而又慎。为此，我们进行了一番深入的调查与讨论，最后形成一套严格的选拔制度。首先是要精心选拔主讲人。在每学期开学初，团委指导老师就整体安排好“国旗下演讲”的主题，并严格选拔主讲人员。主讲人要过三关：一是班级关，由班级推荐出写作能力强、演讲能力出色，并在班级表现活跃的先进分子；二是指导老师关，由指导老师进行面对面的考查，对其写作、演讲等能力进行核查；三是团委书记关，最后人选的决定权在团委书记处。这样，主讲人过关斩将之后才成为合格的演讲者。其次还要严格培训入选者。选定人员之后，就确定话题，让主讲者围绕这个话题进行“作文”。我们对于讲话内容的要求是：一是思想健康向上；二是具备演讲稿的基本特征；三是观点积极进步；四是有相当的文采，能够激起听者的兴趣。在主讲人写完稿子之后，指导教师会和团委书记分别审阅，提出修改意见，然后返给学生修改；一次不行就再做修改，直到三方都满意为止。演讲稿定稿后，指导教师会对主讲者的演讲进行培训，整体把握演讲风格，逐字进行发音校正，直至满意为止。

定下了主讲人，接下来就是讲什么的问题了。对于演讲内容，不能是我们想到什么就讲什么，这样就使得这项制度变得杂乱而缺乏计划性。于是，选好演讲内容，做好整体规划，便成为了我们下一步工作的重点。对此，我们有这样的考虑——首先，内容必须紧扣时事，积极融入时代潮流。古人能“家事、国事、天下事，事事关心”；今人也需“足不出户知天下”，而且不仅要“知天下”，还要“论天下”，现代中学生不是单纯的“书呆子”，而是国家建设的“储备军”。为此，我们在学校教育中需紧扣时代脉搏，积极传播时代强音，让学生从小就关心国家大事，树立远大的理想。因此，我们会时时关注一些国内外时事动向，像2008年年初的南方雪灾、圣火传递中的突发事件、西藏问题引发的国家主权事件、北京奥运会、三鹿奶粉事件、我国“神七”飞天等热点事件，以之作为演讲内容，让学生在学习之余能对国家大事有所认知和思考，激发他们更加努力地学习，以期将来更好地报效祖国。其次，还要关注校园，深入学生精神生活。从某种意义上说，校园就是学生的第二个“家”。学生绝大多数时间都在这里学习、生活，接受教育。因此，校园生活是“国旗下演讲”的另一主要源泉。校园内的事件，大到学校决策方针，小到学生行为举止，这些与学生思想动态相关的人物和事件，都应该成为校园舆论的主体。再次，要积极引导，侧重发扬美好风尚。“国旗下演讲”是在一个特定的时间和场合下进行的，在这样一个集体性的短暂集会上，如果不分场合大发牢骚，如对学生违纪情况进行曝光或者揭露学生系列不文明行为等，必定会引起学生的逆反心理和抵触情绪，这样不仅起不到预期的教育效果，而且有悖于“国旗下演讲”的教育初衷。因此，演讲一般应以正面的事例为主，以反面的事例为辅，突出榜样的示范作用，从而对营造良好的班风、校风、学风起到应有的引领作用。另外，当国家、社会或者学校发生一些突发事件时，我们要随机应变，予以关注。如2008年北京奥运火炬海外传递受阻，国际上一些辱华言论的事件相继爆发时，我们及时安排了《理性思考　勇敢面对》的主题演讲；2008年5月12日突发汶川大地震，牵动着全国人民的心，于是下一周“国旗下演讲”的主题，便及时调整为《灾难中觉醒的公民意识》等，诸如此类的“按部就班”和“随机应变”都大大提升了“国旗下演讲”这一活动的时效性和吸引力。

此外，我们还会根据一些重大节日来引导学生的行为，如母亲节、父亲节、中秋节等我们引导学生孝敬父母，关怀家人；教师节，我们引导学生关注教师，感恩老师；植树节、环境卫生日，我们引导学生注重环保，建设美好家园；国庆节，引导学生努力学习，成为坚实后备军，等等，让这些演讲的话题为学生所喜闻乐见，能够“专心”听进去，“用心”做下去。

当然，当遇到特别的问题或特殊的时刻，学校领导或教师也会上台担任主讲人，以其特别的身份来对学生进行呼吁，从而起到更好的教育效果。如东南亚海啸以及国内地震、冰雪灾害发生时，我校校长以及团委书记就曾分别上台进行全校性的倡议，让广大师生颇受激励。另外，“国旗下演讲”还不能一讲了之，讲完后需要进一步进行强化教育，只有这样，演讲才能真正收到实效。对此，我们做过以下尝试：利用主题班会对“国旗下演讲”的主题进行深入学习、讨论和交流。例如，在上学年十八岁成人仪式时，本校高三学生作了题为《十八岁的季节》的演讲后，各班接着开展了以“成人与责任”为主题的班会活动，让学生懂得成长的意义以及学会了主动去承担责任等；在宣传橱窗上开辟专栏，摘登“国旗下演讲”内容，以激发学生奋勇争先的积极性和主动性，等等。

对比之前的“国旗下讲话”，创新型的“国旗下演讲”既能保证制度的民主性，又能在主讲人和演讲内容的甄选上具备一定的集中性，这种民主与集中相结合的“国旗下演讲”制度，才能真正起到良好的效果。形式多样、讲话内容贴近学生实际的“国旗下演讲”，让学生与学生之间能面对面地近距离进行交流，从而更加生动而富有实效。这种德育形式，感染力强，震撼力大，更受师生欢迎。这对于培养师生爱国情感、帮助学生树立远大理想、促进良好校风的形成等，都有十分重要的作用。由此可见，作为管理者，如果能根据实际情况适当更新观念，转变做法，定会收到意想不到的效果。